Privacidade Online 101

Passos Simples para Proteger Sua Identidade, Seus Dispositivos e Seus Dados Pessoais Online

Por Joe Correa

Publicado por Live Stronger Faster

Este livro destina-se apenas a fins educacionais e informativos. O autor e a editora não prestam aconselhamento jurídico, financeiro ou qualquer outro tipo de aconselhamento profissional. Os leitores devem consultar um profissional qualificado antes de tomar qualquer decisão financeira.

Primeira Edição

Índice

Introdução 4

Capítulo 1: Por Que a Privacidade Online É Mais Importante do Que Nunca 8

Capítulo 2: O Rastro Digital Que Você Deixa Para Trás 15

Capítulo 3: Proteção de Senhas Simplificada 26

Capítulo 4: Protegendo Seus Dispositivos Pessoais 36

Capítulo 5: Como Permanecer Privado nas Redes Sociais 47

Capítulo 6: Navegação Privada e Mecanismos de Busca 58

Capítulo 7: Mensagens, E-mail e Comunicação Segura 70

Capítulo 8: Roubo de Identidade e Privacidade Financeira 82

Capítulo 9: Privacidade Online para Famílias e Crianças 93

Capítulo 10: Construindo Hábitos de Privacidade para Toda a Vida 104

O Poder da Escolha em um Mundo Vigiado 115

Introdução

Em um mundo cada vez mais movido por dados, o conceito de privacidade online se tornou mais do que uma preferência – tornou-se uma necessidade. Cada clique, deslize e comando de voz que você faz faz parte de um perfil digital crescente usado para direcionar anúncios, vender produtos, manipular comportamentos ou até mesmo roubar informações. Ainda assim, para a maioria das pessoas, a privacidade online continua sendo uma ideia vaga, frequentemente descartada como algo apenas para "hackers e nerds de tecnologia" ou teóricos da conspiração. A realidade é muito mais pessoal – e muito mais urgente.

Privacidade online não se trata apenas de evitar anúncios. Trata-se de proteger sua identidade, seu dinheiro, sua família, sua carreira e seu futuro. Os dados coletados sobre você – muitas vezes sem que você compreenda totalmente – são usados para influenciar suas decisões, monitorar seu comportamento e, em alguns casos, controlar resultados em sua vida. Seja uma senha vazada, um número de cartão de crédito exposto ou dados de localização sendo rastreados e vendidos, as consequências de negligenciar sua privacidade online são muito reais e podem custar caro.

A boa notícia é que você não precisa ser um especialista em cibersegurança para se proteger. Com algumas ferramentas importantes, hábitos simples e uma melhor compreensão de como seus dados são coletados, você pode retomar o controle. Este livro é o seu guia passo a passo para fazer exatamente isso.

Você aprenderá como:

Identificar e eliminar os maiores riscos de privacidade em sua rotina diária

Fortalecer suas senhas e métodos de autenticação

Usar navegadores privados e VPNs para proteger sua atividade na internet

Entender como aplicativos, redes sociais e mecanismos de busca coletam seus dados

Prevenir roubo de identidade, phishing e fraudes financeiras

Configurar ferramentas de comunicação privada para mensagens e e-mails

Proteger seus filhos e sua família contra exposição online

Cada capítulo oferece soluções simples e práticas baseadas no que pessoas comuns podem fazer hoje. Vamos eliminar o excesso de termos técnicos, desmentir mitos comuns e focar no que realmente funciona para o usuário médio — esteja você usando um smartphone, laptop, tablet ou smart TV.

Este livro faz parte da série maior Cyber Shield Academy, mas foi desenvolvido para ser completo por si só. Se você é novo no mundo da cibersegurança, está no lugar certo. Se não sabe por onde começar, encontrará aqui um roteiro claro. E se já tomou algumas medidas de privacidade, mas deseja avançar ainda mais, também abordaremos estratégias mais avançadas.

Por que isso é importante agora? Porque o cenário da privacidade está mudando mais rápido do que nunca. As leis estão evoluindo, a vigilância está aumentando e as empresas de tecnologia estão encontrando novas maneiras de rastrear seu comportamento. De dispositivos domésticos inteligentes a assistentes de voz com IA e reconhecimento facial em lojas, sua privacidade está sendo desafiada de formas que a maioria das pessoas nem percebe.

Estamos vivendo a maior transformação na segurança pessoal desde o surgimento da internet. Assim como os cintos de segurança se tornaram padrão nos carros quando as pessoas entenderam os riscos de dirigir, as ferramentas e hábitos de privacidade online precisam se tornar padrão em nossas vidas digitais. Quanto mais cedo você começar, mais seguro estará.

Este livro não é sobre se esconder do mundo. É sobre navegar nele com inteligência. É sobre escolher o que compartilhar, quando compartilhar e com quem compartilhar — nos seus termos, não nos deles.

Então, vamos começar sua atualização de privacidade. Vire a página, aperte o play e prepare-se para retomar seu poder na era digital. Este é o seu plano para uma navegação mais segura, hábitos mais fortes e total tranquilidade online.

Capítulo 1: Por Que a Privacidade Online É Mais Importante do Que Nunca

Vivemos em uma época em que os dados são mais valiosos do que o petróleo. Isso não é uma metáfora – é uma verdade econômica. Todas as grandes empresas de tecnologia hoje são, em sua essência, empresas de dados. De Google a Meta, de Amazon a TikTok, suas informações pessoais estão sendo coletadas, analisadas, empacotadas e vendidas em tempo real. E, embora você talvez não sinta o impacto desse comércio de dados todos os dias, ele afeta tudo: desde os anúncios que você vê até os preços que paga, os empregos para os quais se qualifica e até mesmo as notícias às quais é exposto.

Mas por que você deveria se preocupar com privacidade online? Isso não seria apenas o preço da conveniência em um mundo digital? Afinal, já nos acostumamos a usar aplicativos "gratuitos" em troca dos nossos dados. Esse é o acordo, certo?

O problema é que esse acordo "gratuito" é muito mais caro do que a maioria das pessoas imagina. Os dados que você entrega estão sendo usados para:

Construir perfis comportamentais detalhados sobre você

Influenciar suas opiniões políticas

Controlar quais conteúdos você vê e quais não vê

Prever seus comportamentos e compras futuras

Vender suas informações para terceiros sem seu consentimento total

Esse nível de vigilância antes existia apenas em filmes de espionagem. Hoje, faz parte da sua vida cotidiana. Seu smartphone rastreia sua localização. Suas redes sociais analisam suas expressões faciais. Seu histórico de navegação está sendo armazenado e vendido. Até mesmo seus e-mails e mensagens podem ser analisados por algoritmos para prever seu humor e hábitos.

E não são apenas os anunciantes que querem seus dados. Criminosos virtuais também os desejam. Com as informações certas — como seu endereço de e-mail, data de nascimento ou nome de solteira da sua mãe — eles podem abrir cartões de crédito em seu nome, esvaziar suas contas bancárias ou se passar por você perante outras pessoas. O roubo de identidade deixou de ser raro. Tornou-se uma epidemia global.

Depois, existe o custo psicológico. Estudos mostram que a vigilância digital constante deixa as pessoas mais ansiosas, menos criativas e mais propensas à autocensura. Quando você sabe que está sendo observado, age de forma diferente.

Privacidade online não é apenas proteger seus dados — é proteger sua liberdade de pensar, falar e explorar sem medo.

Então, qual é a solução? Tudo começa com conscientização. Você não precisa se desconectar da internet ou viver fora da sociedade. Você simplesmente precisa ser intencional na forma como interage online. Isso inclui:

Ler as permissões dos aplicativos antes de instalá-los

Usar navegadores e mecanismos de busca focados em privacidade

Atualizar suas configurações de privacidade em todas as redes sociais

Evitar redes Wi-Fi gratuitas que não sejam seguras

Usar gerenciadores de senhas e autenticação de dois fatores

Criptografar suas mensagens e e-mails

Pensar duas vezes antes de compartilhar informações sensíveis online

Nenhuma dessas medidas é extrema. Elas são simples, realistas e incrivelmente eficazes quando se tornam parte da sua rotina digital.

A verdade é a seguinte: privacidade online não significa se esconder. Significa ter controle. Controle sobre seus dados. Controle sobre seu tempo. Controle sobre sua identidade e seu futuro. E, em um mundo onde tudo está sendo rastreado, controle é o novo luxo.

Nos próximos capítulos, exploraremos cada camada da sua vida digital e mostraremos como protegê-la — de forma clara, prática e passo a passo.

Agora, vamos dar vida a esta lição com uma história inspirada na realidade...

Tudo começou com um simples redefinir de senha esquecido. Maria, uma designer gráfica de 38 anos que morava em Atlanta, acabara de terminar uma manhã movimentada de trabalho com clientes quando recebeu um e-mail que a deixou paralisada. O assunto dizia: "Seu Apple ID foi bloqueado devido a atividade suspeita." Seu coração disparou. Ela não havia feito login naquela manhã e não estava usando sua conta Apple em nenhum dispositivo novo.

Pensando que pudesse ser spam, ela verificou os detalhes do remetente. Parecia legítimo. O logotipo, a linguagem e até o endereço de retorno imitavam perfeitamente a Apple. Sem pensar duas vezes, ela clicou no link, inseriu suas credenciais e pressionou enviar.

O que aconteceu depois desestruturou completamente sua vida digital.

Em poucas horas, ela foi desconectada de todos os seus dispositivos Apple. Seu telefone parou de receber mensagens. Seu MacBook foi bloqueado remotamente. E o pior de tudo: seu banco identificou duas grandes transações não autorizadas feitas através do Apple Pay. Ela perdeu acesso ao e-mail, ao PayPal e às redes sociais. Era como se sua identidade tivesse desaparecido e caído nas mãos de outra pessoa.

Em pânico, Maria ligou para o suporte da Apple. A voz do outro lado confirmou seus medos: ela havia sido vítima de phishing. O e-mail não era real. Ela entregou seu Apple ID e senha a um criminoso virtual — que imediatamente usou essas informações para redefinir tudo o que estava vinculado àquela conta. Suas fotos. Suas anotações. Seus contatos. Toda a sua vida digital.

O processo de recuperação foi lento e doloroso. Ela precisou comprovar sua identidade para vários bancos, registrar ocorrência na polícia, ligar para agências de crédito e explicar aos clientes por que havia perdido reuniões e arquivos importantes. O impacto emocional foi ainda mais pesado do que o financeiro. Ela se sentia violada, envergonhada e profundamente ansiosa. “Eu não pensei que algo assim pudesse acontecer comigo”, contou a uma amiga. “Achei que eu era cuidadosa.”

Maria não era descuidada — ela apenas não tinha informação suficiente. Como milhões de pessoas, nunca tinha ouvido falar de e-mails de phishing. Usava a mesma senha em várias plataformas. Não utilizava autenticação de dois fatores. E não fazia ideia de que suas ações estavam sendo rastreadas online todos os dias.

Foi somente após esse desastre digital que Maria começou a aprender. Ela passou a usar um gerenciador de senhas. Instalou uma VPN. Criptografou seus dispositivos. Ativou autenticação de dois fatores em tudo. E, lentamente, começou a reconstruir sua vida digital.

A história dela não é única. É um aviso — e um despertar. Violações de privacidade nem sempre parecem hackers mascarados usando capuzes. Muitas vezes parecem pessoas comuns clicando no link errado ou confiando no aplicativo errado. Elas acontecem em momentos cotidianos — quando você está distraído, ocupado ou apenas tentando resolver algo rapidamente.

Mas existe poder na conscientização. Maria transformou seu erro em motivação. Hoje, ela ensina outros freelancers a permanecerem seguros online. Compartilha sua experiência abertamente, na esperança de que outras pessoas não precisem aprender da maneira mais difícil.

A lição? Privacidade online importa. Não amanhã. Não no próximo mês. Agora.

Capítulo 2: O Rastro Digital Que Você Deixa Para Trás

Toda vez que você entra na internet — seja para fazer compras, navegar nas redes sociais, ler notícias ou verificar a previsão do tempo — você deixa para trás um rastro digital. Esse rastro é uma coleção de dados que revela silenciosamente quem você é, o que pensa, por onde esteve e o que provavelmente fará em seguida. A maioria das pessoas não percebe o quão detalhado esse rastro é nem quantas entidades o estão observando e registrando. Seus cliques, deslizes, termos de busca, localizações, compras, vídeos assistidos, uso de aplicativos e até a velocidade com que você rola a tela — tudo isso contribui para sua pegada digital. E a maior parte disso acontece em segundo plano, sem sua percepção ou consentimento ativo.

O conceito de cookies é uma das primeiras migalhas do seu rastro online. Originalmente criados para melhorar a experiência do usuário — como lembrar o que está no carrinho de compras ou manter você conectado em um site — os cookies evoluíram. Hoje, cookies de terceiros são uma das principais ferramentas usadas por anunciantes para segui-lo entre diferentes sites, coletando dados para construir um perfil comportamental. Esses perfis são então usados para publicidade altamente direcionada. Já pesquisou algo no

Google e depois viu anúncios relacionados no Facebook ou Instagram? Esse é o seu rastro digital em ação.

Mas os cookies são apenas o começo. Sites e aplicativos móveis usam rastreadores, beacons, pixels e impressão digital de dispositivos para monitorar o que você faz — mesmo que você não esteja conectado a uma conta. Por exemplo, seu telefone pode enviar dados de localização para dezenas de empresas através de aplicativos que nem sequer precisam de permissão de GPS. Eles rastreiam por sinais Bluetooth, redes Wi-Fi e triangulação de endereço IP. Seu aplicativo de clima, lanterna ou jogo pode parecer inofensivo, mas muitos coletam silenciosamente sua localização, contatos e comportamento de navegação.

Metadados — as informações sobre sua atividade — são outro componente frequentemente ignorado. Não é o que você disse em uma mensagem, mas para quem enviou, em que horário, por quanto tempo e a partir de qual dispositivo. Metadados são extremamente reveladores. Eles podem mapear seus relacionamentos, rotinas, humores e hábitos. Governos e empresas privadas analisam esse tipo de dado para prever comportamentos ou identificar padrões específicos.

Até mesmo o histórico do seu mecanismo de busca contribui para o seu rastro digital. Só o Google mantém registros do que você pesquisa, quando pesquisa, quais resultados clica, quanto tempo permanece neles e qual dispositivo utilizou. Esses dados criam um retrato dos seus interesses, medos, objetivos e até da sua situação financeira ou de saúde. E, a menos que você altere as configurações, muitas dessas informações são armazenadas indefinidamente.

As redes sociais adicionam outra camada poderosa. O que você publica, curte, comenta ou até mesmo sobre o que passa o cursor é registrado. Os algoritmos estudam seu engajamento para priorizar o conteúdo do seu feed — mas também para refinar seu perfil psicológico. As plataformas conhecem suas inclinações políticas, crenças religiosas, status de relacionamento, faixa de renda e muito mais — às vezes com mais precisão do que seus amigos mais próximos. E mesmo que você não use redes sociais, outras pessoas podem marcá-lo em fotos ou publicações, criando o que é chamado de "perfil sombra", construído a partir de dados fornecidos por terceiros.

Os dispositivos que você usa, os navegadores que prefere e as redes Wi-Fi às quais se conecta também deixam rastros identificáveis. Isso é chamado de impressão digital do dispositivo. Envolve a coleta de informações sobre resolução de tela, versão do navegador, fontes instaladas, fuso horário e plugins. Essa combinação geralmente é única para você, tornando possível rastreá-lo mesmo que limpe os cookies ou use o modo anônimo.

Os riscos de deixar um grande rastro digital sem gerenciamento são sérios. Em primeiro lugar, isso o torna um alvo mais fácil para roubo de identidade, golpes e phishing. Criminosos não precisam do seu número de CPF ou Seguro Social para se passar por você — podem usar informações publicamente disponíveis para adivinhar senhas, responder perguntas de segurança ou enviar e-mails personalizados que o enganem para revelar dados sensíveis. Seu rastro de dados também pode ser vendido repetidamente por corretores de dados, que coletam informações de várias fontes, criam perfis e os vendem para anunciantes, seguradoras, agências de crédito e muito mais.

E não podemos esquecer os efeitos psicológicos. Quando as pessoas percebem que estão sendo observadas, muitas vezes começam a se autocensurar. Isso é chamado de "efeito de resfriamento", quando indivíduos deixam de pesquisar determinados assuntos, expressar opiniões ou explorar ideias simplesmente porque temem ser julgados ou monitorados. Essa perda de liberdade é sutil, mas prejudicial — ela corrói a criatividade, a curiosidade e a autenticidade.

Felizmente, existem medidas que você pode tomar para reduzir seu rastro digital. Comece usando modos de navegação privada ou anônima, embora seja importante saber que eles têm limitações — eles não escondem seu IP nem impedem rastreamento por sites. Troque para navegadores focados em privacidade, como Brave ou Firefox, e use mecanismos de busca como DuckDuckGo, que não rastreiam suas pesquisas. Instale extensões bloqueadoras de rastreadores como uBlock Origin, Privacy Badger ou Ghostery. Use uma VPN para ocultar seu endereço IP e criptografar seu tráfego de internet, especialmente em redes Wi-Fi públicas.

Revise as permissões de todos os seus aplicativos. Pergunte a si mesmo: este aplicativo de calculadora realmente precisa acessar minha câmera? Revogue permissões que não sejam essenciais. Exclua aplicativos antigos que você não usa mais e tenha cuidado com aplicativos gratuitos que monetizam seus dados. No smartphone, desative os serviços de localização para todos os aplicativos, exceto aqueles que realmente precisam deles — como mapas ou serviços de transporte.

Por fim, assuma o controle das suas contas online. Limpe regularmente seu histórico de navegação e cookies. Saia das contas quando não estiver usando. Ajuste as configurações de privacidade das redes sociais para limitar quem pode ver suas publicações e dados. E inscreva-se em ferramentas de monitoramento de vazamento de dados, como Have I Been Pwned, para verificar se seus e-mails ou senhas foram comprometidos.

Seu rastro digital é poderoso — mas pode ser gerenciado. Como pegadas na areia, ele não precisa durar para sempre. Com as ferramentas e hábitos certos, você pode reduzir sua visibilidade, proteger sua identidade e retomar o controle da sua presença online.

Quem é Jordan?

Jordan era o tipo de pessoa que adorava tecnologia. Ele comprava o celular mais novo todos os anos, sincronizava todos os dispositivos inteligentes da casa e raramente saía de uma loja sem escanear um QR code ou baixar um aplicativo de recompensas. Sua vida era perfeita — conectada, conveniente e rápida. Mas ele nunca pensou duas vezes sobre o que acontecia nos bastidores. Isso mudou quando uma entrevista de emprego transformou tudo.

Ele havia se candidatado a uma vaga de marketing digital em uma empresa de software de médio porte. Seu currículo era sólido e sua experiência forte. A recrutadora adorou seu perfil. “Você é perfeito para a vaga”, disse ela ao telefone. “Só precisamos fazer uma última etapa de avaliação com nossa equipe de risco e conformidade."

Uma semana se passou. Depois outra. Jordan enviou duas mensagens de acompanhamento. Finalmente, recebeu um e-mail: "Decidimos seguir com outros candidatos. Obrigado pelo seu interesse." Nenhuma explicação. Nenhum feedback.

Confuso, Jordan mandou uma mensagem para a recrutadora no LinkedIn. Ela hesitou, mas acabou respondendo: "Off the record... parece que algo nos seus dados online o classificou como alto risco. Não tenho detalhes, mas os sistemas de IA deles usam dados públicos, redes sociais e atividade online para criar perfis de risco. Sinto muito."

Seu estômago afundou. Que "dados online"? Ele não era criminoso. Não publicava conteúdo ofensivo. Ele apenas estava... online.

Jordan começou a investigar. Pesquisou seu próprio nome no Google. Seu LinkedIn e Instagram estavam normais — principalmente fotos de viagens e conteúdo profissional. Mas então encontrou um site de busca de pessoas que listava seu nome completo, idade, endereços antigos e até números de telefone antigos. Ao clicar mais fundo, viu parentes, doações políticas, multas de trânsito e até posts antigos de blog da época da faculdade que ele já havia esquecido. Parecia um dossiê digital — um arquivo que ele nunca autorizou e nem sabia que existia.

Depois vieram os anúncios. Ele percebeu que estava sendo alvo constantemente. Pesquisou sobre seguro de saúde uma única vez e recebeu ligações de spam por semanas. Curtiu um artigo sobre criptomoedas no Facebook e começou a receber recomendações de grupos financeiros radicais. Até as sugestões do YouTube tinham ficado estranhas — ele nem se lembrava de ter assistido metade das coisas que apareciam agora.

Quanto mais investigava, mais percebia: ele estava sendo observado. O tempo todo.

Ele instalou uma extensão de navegador chamada Ghostery. Em segundos, ela mostrou que um único site tinha mais de 40 rastreadores — alguns dos quais ele nunca tinha ouvido falar. Tentou usar o modo anônimo. Isso ajudou um pouco. Depois baixou o Brave, um navegador que bloqueava anúncios e rastreadores por padrão. Parecia diferente — mais silencioso. Menos invasivo.

Ele verificou as configurações dos aplicativos. Seu aplicativo de lanterna tinha acesso ao microfone. O aplicativo de clima coletava dados de localização 24 horas por dia. Seu aplicativo de anotações tinha permissão para acessar seus contatos. Ele começou a revogar permissões, desinstalar aplicativos e desligar os serviços de localização para tudo, exceto o essencial. Seu telefone parecia muito mais privado.

Ainda abalado, Jordan foi mais fundo. Pesquisou como empresas usam impressão digital de dispositivos para rastrear usuários mesmo sem cookies. Como os metadados de seus e-mails e mensagens poderiam mapear seus relacionamentos. Como corretores de dados coletavam informações de fontes públicas, compras em lojas e até dispositivos domésticos inteligentes para criar e vender perfis como o dele para anunciantes, seguradoras e empregadores.

Jordan sempre acreditou: "Se eu não tenho nada a esconder, não tenho nada a temer." Mas agora percebeu que essa não era a questão. A questão era controle. Ou melhor, a falta dele. Toda a sua vida digital havia sido monitorada, registrada e reutilizada — sem sua permissão e com consequências reais.

Ele se sentiu violado.

Mas Jordan não era o tipo de pessoa que permanecia impotente. Transformou isso em missão. Inscreveu-se em alertas de privacidade para monitorar seus dados. Passou a usar VPN. Começou a utilizar um serviço de e-mail criptografado. Excluiu contas antigas de redes sociais que não usava mais. Chegou até a escrever para sites de corretores de dados pedindo remoção de seus perfis.

Também começou a aconselhar amigos e colegas de trabalho. "Só porque algo é gratuito não significa que seja seguro", dizia. "Seus dados são o produto." Eles ouviam — alguns com ceticismo, outros com preocupação genuína. Mas ninguém podia negar os resultados quando Jordan mostrava capturas de tela com a quantidade de rastreadores bloqueados em um único dia.

Um amigo perguntou: "Então o quê? Você vai viver fora da sociedade agora?" Jordan sorriu. "Não. Só não estou mais deixando a porta totalmente aberta."

Alguns meses depois, ele se candidatou novamente a um emprego — desta vez em uma startup que valorizava privacidade e ética. Durante a entrevista, compartilhou o que havia aprendido, como se protegia e como isso mudou sua visão sobre marketing e comportamento digital. A entrevistadora ficou impressionada. "Precisamos de mais pessoas que realmente entendam os riscos por trás dos dados", disse ela.

Jordan conseguiu o emprego.

Sua história é um lembrete de que nossas pegadas digitais são mais poderosas do que imaginamos. Elas podem moldar oportunidades, influenciar opiniões e nos expor à manipulação ou julgamento. Mas elas não são permanentes. Com conscientização e ação, qualquer pessoa pode começar a recuperar sua privacidade.

Porque, no fim das contas, liberdade digital não é desaparecer — é escolher o que deixar para trás.

Capítulo 3: Proteção de Senhas Simplificada

As senhas são as portas de entrada da sua vida digital — e, para muitas pessoas, essas portas estão escancaradas. Apesar dos inúmeros alertas sobre ameaças cibernéticas, as senhas mais usadas continuam sendo incrivelmente fracas: "123456", "password" e "qwerty" ainda estão entre as escolhas mais populares. Pior ainda, a maioria das pessoas reutiliza a mesma senha em vários sites, tornando extremamente fácil para hackers obterem acesso não apenas a uma conta — mas a dezenas delas.

Entender a proteção de senhas é uma das maneiras mais simples e poderosas de proteger sua privacidade online. Uma senha forte não serve apenas para impedir curiosos ou pequenos hackers — ela pode evitar roubo de identidade, fraudes financeiras e sérios danos à reputação. E a melhor parte? Criar um sistema de senhas praticamente impenetrável não exige habilidades especiais nem softwares complexos — apenas a mentalidade certa e alguns hábitos essenciais.

Vamos começar pelo básico: o que torna uma senha forte?

Uma senha forte é longa, única e complexa. Idealmente, ela deve ter entre 12 e 16 caracteres e incluir uma mistura de letras maiúsculas, minúsculas, números e símbolos. Mas força sozinha não basta. O verdadeiro poder está na exclusividade. Se você usar a mesma senha forte em vários sites, um único vazamento de dados ainda poderá comprometer tudo. Cada conta deve ter sua própria senha forte e exclusiva – especialmente para contas importantes, como e-mail, banco e armazenamento em nuvem.

Infelizmente, lembrar dezenas ou centenas de senhas únicas e complexas é irrealista para a maioria das pessoas. É aí que entram os gerenciadores de senhas. Ferramentas como Bitwarden, 1Password, Dashlane ou LastPass armazenam e preenchem automaticamente suas senhas de forma segura. Elas criptografam seu cofre digital para que nem mesmo a própria empresa consiga visualizar seus dados. Com um gerenciador de senhas, você precisa lembrar apenas de uma senha mestre. O restante é feito automaticamente – geração, armazenamento e preenchimento das credenciais de login sempre que necessário.

Muitos gerenciadores também detectam senhas fracas ou reutilizadas e sugerem atualizações. Eles ainda podem armazenar anotações, documentos pessoais e tokens de autenticação em dois fatores (2FA), tornando-se uma solução completa para sua segurança digital.

Falando em 2FA, essa é uma das camadas de proteção mais importantes que você pode adicionar a qualquer conta. A autenticação em dois fatores exige que você confirme sua identidade de duas maneiras — normalmente sua senha mais um código enviado por SMS, aplicativo ou e-mail. Essa segunda camada reduz drasticamente as chances de um invasor entrar em sua conta, mesmo que consiga descobrir ou roubar sua senha.

Mas nem todos os métodos de 2FA são igualmente seguros. Códigos enviados por SMS são melhores do que nada, mas podem ser interceptados ou desviados em ataques de troca de SIM card. Uma opção mais segura é usar aplicativos autenticadores como Google Authenticator, Microsoft Authenticator ou Authy. Esses aplicativos geram códigos temporários que mudam a cada 30 segundos e funcionam offline — tornando-os imunes a ataques de rede.

Alguns usuários preferem até chaves físicas de segurança, como YubiKey ou Google Titan Security Key, que se conectam fisicamente ao computador ou celular para verificar sua identidade. Essas chaves são praticamente impossíveis de hackear e ideais para proteger contas de alta segurança, como bancos online, carteiras de criptomoedas ou e-mails usados para negócios ou assuntos jurídicos.

Outro risco frequentemente ignorado é a recuperação de senha. Muitas pessoas escolhem perguntas previsíveis, como nome de solteira da mãe ou nome do primeiro animal de estimação. Infelizmente, essas informações costumam ser fáceis de encontrar nas redes sociais ou em registros públicos. Se o processo de recuperação for fraco, ele pode comprometer até a senha mais forte. Sempre use perguntas obscuras ou respostas falsas, mas memoráveis — e armazene-as de forma segura.

Também é importante ficar atento aos ataques de phishing. Hackers frequentemente tentam enganar usuários para que entreguem suas senhas voluntariamente, imitando páginas de login de bancos, serviços de streaming ou grandes lojas. Esses sites falsos parecem quase idênticos aos reais. Um único erro — digitar sua senha no site errado — pode dar ao invasor acesso total à sua conta. Sempre confira o endereço do site (URL), procure o HTTPS e nunca clique em links suspeitos recebidos por e-mail.

Outro hábito perigoso é salvar senhas em navegadores como Google Chrome ou Safari sem criptografia adicional. Embora seja conveniente, esses sistemas integrados não são tão seguros quanto gerenciadores dedicados e podem ser vulneráveis caso seu dispositivo seja comprometido. Se optar por usá-los, certifique-se de que seu dispositivo tenha criptografia forte e que a sincronização do navegador esteja protegida com autenticação em dois fatores.

Para pessoas extremamente cautelosas ou que lidam com dados sensíveis, é possível ir além. Considere usar endereços de e-mail descartáveis ou aliases para criar contas, de forma que, mesmo que um site sofra vazamento, seu e-mail principal permaneça protegido. Você também pode auditar regularmente suas contas, excluir logins antigos ou inutilizados e atualizar senhas críticas a cada 6 a 12 meses.

E não podemos esquecer os dispositivos móveis. Certifique-se de que seu celular ou tablet esteja protegido com senha — e não apenas reconhecimento facial ou impressão digital. Esses métodos biométricos são convenientes, mas não infalíveis. Em determinadas situações legais ou em fronteiras, você pode ser obrigado a usar sua impressão digital ou rosto, mas não sua senha. O ideal é usar ambos juntos sempre que possível.

Por fim, evite compartilhar senhas por e-mail ou mensagem de texto. Se precisar compartilhar acesso, use serviços criptografados como Proton Mail ou recursos de compartilhamento seguro integrados em ferramentas como 1Password. E nunca, em hipótese alguma, escreva suas senhas em papel, a menos que estejam guardadas em um local fisicamente seguro.

A proteção de senhas não precisa ser complicada. Ela apenas exige algumas decisões inteligentes e disposição para mudar hábitos antigos. No próximo capítulo, exploraremos como proteger seus dispositivos físicos — porque até a melhor higiene digital pode ser destruída se seu telefone ou notebook cair nas mãos erradas.

Nina, a freelancer

Nina sempre se considerou uma pessoa experiente em tecnologia. Como redatora freelancer, trabalhava online, gerenciava dezenas de contas de clientes e utilizava todas as ferramentas de produtividade disponíveis. Seu mundo digital era rápido, organizado e automatizado. Mas quando sua conta do PayPal foi esvaziada em menos de três minutos, tudo mudou.

Tudo aconteceu em uma tranquila manhã de quinta-feira. Nina estava trabalhando em um café, tomando café enquanto respondia e-mails, quando recebeu a primeira notificação: um pagamento de 497 dólares para um nome que ela não reconhecia. Depois outro. E mais outro. Ela congelou. Seu saldo no PayPal havia caído para zero — e sua conta bancária vinculada estava negativa. Seu coração disparou. Tentou entrar na conta, mas a senha já não funcionava mais.

Desesperada, ela ligou para o suporte do PayPal. Depois do que pareceram horas ouvindo música de espera, o atendente confirmou o que ela temia: alguém acessou sua conta, alterou a senha e realizou várias transferências. O estranho? Não havia sinais de phishing. Nenhum e-mail suspeito. Nenhuma página falsa de login. Apenas uma invasão limpa e direta.

Não demorou muito para descobrir o ponto fraco. Nina usava a mesma senha do PayPal em vários outros sites. Um desses sites sofreu um vazamento de dados seis meses antes — um site que ela nem usava mais. As credenciais vazadas, incluindo seu e-mail e senha, foram parar na dark web. A partir daí, foi apenas uma questão de tempo até que alguém testasse essas credenciais no PayPal — e funcionou.

Pior ainda: ela não havia ativado a autenticação em dois fatores. Toda sua vida financeira estava protegida apenas por uma senha reciclada.

Depois que o banco resolveu a fraude e estornou as cobranças, Nina fez uma promessa: isso nunca mais aconteceria.

Ela começou com uma auditoria de senhas. Listou todos os sites que usava regularmente — banco, e-mail, lojas online, redes sociais, plataformas de assinatura e portais de clientes. Depois verificou quais utilizavam senhas fracas ou repetidas. A lista era maior do que imaginava. Cerca de 70% das suas contas utilizavam alguma variação da mesma frase: seu apelido de infância e alguns números. Às vezes adicionava um ponto de exclamação ou mudava o último dígito. Ela achava que era inteligente. Não era.

Em seguida, assinou um gerenciador de senhas — Bitwarden. Era gratuito para começar, fácil de instalar e imediatamente sugeriu substituições mais fortes para suas credenciais fracas. Ele podia gerar senhas de 20 caracteres compostas por combinações aleatórias — seguras, imprevisíveis e impossíveis de adivinhar. Com apenas um clique, ela atualizou seus logins e armazenou tudo em seu cofre criptografado. Não precisava mais lembrar dezenas de códigos — apenas de uma senha mestre.

Mas ela não parou por aí.

Ativou autenticação em dois fatores em todas as contas que permitiam isso — especialmente banco, PayPal, conta Google e armazenamento em nuvem. Usou o Google Authenticator, que gerava códigos diferentes a cada 30 segundos. No começo pareceu complicado, mas depois de alguns dias tornou-se natural. A tranquilidade compensava.

Ela também configurou lembretes para trocar sua senha mestre a cada seis meses e ativou bloqueio biométrico no gerenciador de senhas do celular. Para aumentar ainda mais a proteção, comprou uma YubiKey — um pequeno dispositivo USB que exigia contato físico para desbloquear contas de alta segurança. "Se eu perder meu computador ou celular", pensou, "eles ainda não conseguirão entrar."

Nina até mudou a forma como respondia às perguntas de recuperação de senha. Em vez de respostas reais — como o nome do primeiro animal de estimação — passou a usar frases aleatórias que só ela conseguiria lembrar. Guardou tudo criptografado dentro do gerenciador de senhas.

Algumas semanas depois, estava ajudando uma colega freelancer cuja conta do Instagram havia sido hackeada. "Você usa a mesma senha para várias coisas?", perguntou Nina. A amiga assentiu. "Você não está sozinha", disse ela. "Mas deixa eu te mostrar algo que pode salvar sua vida."

Não era mais apenas sobre segurança — era sobre conscientização. Proteção de senhas não era paranoia tecnológica. Era a base da independência digital dela. Nina percebeu que, toda vez que trancava a porta de casa à noite, estava protegendo sua vida física. E toda vez que atualizava uma senha, estava protegendo sua vida digital.

Alguns meses depois, ela deu uma palestra para um grupo local de empresários intitulada "Serralheria Digital para Empreendedores". Mostrou como proteger contas, usar gerenciadores de senhas e se antecipar a vazamentos de dados. "Esta é a atualização de cibersegurança mais fácil que você fará", disse ela. "E também a mais importante."

Olhando para trás, ela não via a invasão como um fracasso — mas como um ponto de virada. Foi o alerta que nunca pediu, mas desesperadamente precisava. Hoje, seus sistemas são sólidos, sua confiança inabalável. E toda vez que ajuda alguém a trancar suas portas digitais, ela se lembra de que a ferramenta mais poderosa da internet não é um aplicativo nem um firewall — são os bons hábitos.

Capítulo 4: Protegendo Seus Dispositivos Pessoais

Seus dispositivos — smartphones, laptops, tablets e até smartwatches — são portais para sua vida digital. Eles armazenam suas fotos pessoais, informações bancárias, mensagens, e-mails, logins de redes sociais e acesso a arquivos de trabalho. Em muitos aspectos, perder o controle do seu dispositivo é como perder o controle da sua própria identidade. E, ainda assim, muitas pessoas utilizam essas ferramentas poderosas sem nenhuma proteção real.

Proteger seus dispositivos pessoais é uma das etapas mais importantes para preservar sua privacidade online. Este capítulo se concentra em estratégias práticas para tornar seus dispositivos físicos e digitais mais seguros contra roubo, invasão, espionagem e perda de dados. Seja você usuário de iOS, Android, Windows ou macOS, os princípios permanecem praticamente os mesmos — segurança em camadas, dados criptografados e acesso controlado.

Vamos começar pela segurança física. A etapa mais básica — e frequentemente ignorada — é ativar uma tela de bloqueio com senha. Seja um PIN, senha, impressão digital ou reconhecimento facial, certifique-se de que seus dispositivos não possam ser acessados por qualquer pessoa. Evite PINs curtos como “1234” ou “0000”. Se usar desbloqueio por padrão, não escolha formas óbvias como linhas retas ou letras. Para melhores resultados, use biometria combinada com uma senha forte de backup.

Ative sempre o bloqueio automático. Se você se afastar do telefone ou computador, ele deve bloquear automaticamente após 30 segundos a 2 minutos. Isso protege seus dados de curiosos ou ladrões oportunistas em locais públicos. Em notebooks, utilize protetores de tela que exijam senha para retornar ao uso.

Em seguida, considere a criptografia do dispositivo. A maioria dos dispositivos modernos já vem com criptografia ativada por padrão. A criptografia protege os dados armazenados para que, mesmo que alguém roube o dispositivo, não consiga acessar o conteúdo sem sua senha. Nos iPhones, a criptografia é automática assim que você define um código de acesso. No Android, normalmente está em “Segurança > Criptografia e Credenciais”. Em laptops, procure por FileVault no macOS ou BitLocker no Windows Pro e ative-os caso ainda não estejam ligados.

Atualizações regulares de software também são uma medida crítica de segurança. Atualizações do sistema operacional e correções de aplicativos geralmente incluem soluções para vulnerabilidades que podem ser exploradas por hackers. Configure seus dispositivos para atualizar automaticamente e verifique manualmente pelo menos uma vez por mês. Software desatualizado é como uma cerca apodrecida — atraente para invasores e ineficaz para mantê-los afastados.

Use ferramentas antivírus e antimalware confiáveis, especialmente em dispositivos Windows. Embora macOS e iOS tenham proteções integradas, ainda é prudente adicionar camadas extras. Malwarebytes, Bitdefender, Norton e Avast são opções populares. Eles conseguem detectar spyware, trojans e outros softwares maliciosos escondidos no dispositivo.

Evite baixar aplicativos ou programas de fontes não oficiais. Limite-se à App Store, Google Play ou sites verificados de desenvolvedores. Aplicativos instalados manualmente ou softwares piratas frequentemente vêm acompanhados de spyware ou backdoors. Se você fizer root ou jailbreak no celular, entenda que isso desativa importantes proteções de segurança e aumenta significativamente seu risco de exposição.

Tenha cuidado com vulnerabilidades de Wi-Fi e Bluetooth. Nunca se conecte a redes Wi-Fi públicas sem usar uma VPN.

Hackers podem interceptar facilmente seus dados usando ferramentas de captura de pacotes, especialmente em redes sem senha. Desative a opção de "conectar automaticamente" a redes abertas e desligue Wi-Fi e Bluetooth quando não estiver usando. Isso protege sua privacidade e ainda melhora a bateria.

Ataques Bluetooth, como Bluejacking ou Bluesnarfing, permitem que invasores próximos enviem mensagens ao seu dispositivo ou acessem dados sem permissão. Esses ataques são raros, mas ainda possíveis. Se não precisar do Bluetooth, desligue-o — especialmente em locais públicos.

A segurança do navegador em seus dispositivos é tão importante quanto em computadores de mesa. Instale navegadores focados em privacidade, como Brave ou Mozilla Firefox, e evite usar navegadores padrão como Google Chrome sem ajustar as configurações. Limpe seu histórico de navegação, bloqueie cookies de terceiros e utilize extensões como HTTPS Everywhere, uBlock Origin e Privacy Badger para limitar rastreamento e vazamento de dados.

Controle agressivamente as permissões dos aplicativos. Na maioria dos celulares, os apps solicitam acesso à câmera, microfone, localização, contatos e armazenamento. Muitos usuários simplesmente clicam em "Permitir" sem perceber o que estão entregando. Vá até as configurações do telefone e revise quais aplicativos têm acesso a quê. Negue acesso a tudo que não seja necessário. Um aplicativo de edição de fotos não precisa do microfone. Uma calculadora não deveria precisar dos seus contatos.

Caixas de som inteligentes, smart TVs e assistentes de voz representam ameaças crescentes à privacidade. Dispositivos como Amazon Alexa, Google Nest e Apple Siri estão constantemente ouvindo a palavra de ativação. Embora afirmem não gravar nada até serem acionados, pesquisadores já demonstraram que ativações acidentais acontecem. Revise as configurações do assistente de voz para analisar ou excluir gravações armazenadas. Silencie o microfone quando não estiver usando ou mantenha esses dispositivos em áreas não sensíveis da casa.

Utilize recursos de localização e limpeza remota. Se seu celular ou laptop for perdido ou roubado, ferramentas como Find My iPhone, Find My Device ou Find My Mac podem ajudá-lo a localizar ou apagar remotamente o dispositivo. Certifique-se de que estejam ativados e vinculados à sua conta. Perder um dispositivo é ruim — mas perder seus dados pessoais é ainda pior.

Outra camada frequentemente ignorada é backup e recuperação. Privacidade não é apenas impedir que outros acessem seus dados — também significa não perdê-los. Utilize backups criptografados em nuvem ou discos rígidos físicos criptografados para armazenar seus arquivos mais importantes. Serviços como iCloud, Google One, Sync.com ou Tresorit oferecem diferentes níveis de privacidade dependendo da criptografia utilizada. Apenas certifique-se de que seus backups também estejam protegidos com senhas fortes e autenticação em dois fatores.

Por fim, considere o lado social da segurança dos dispositivos. Evite deixar outras pessoas usarem seus aparelhos sem supervisão. Mesmo amigos ou familiares podem abrir links de phishing ou baixar arquivos maliciosos sem perceber. Não deixe seus dispositivos desacompanhados em locais públicos, nem por um instante. Treine-se para tratar seu telefone ou notebook como sua carteira — sempre perto de você, protegido e bloqueado quando não estiver em uso.

Seus dispositivos pessoais são a linha de frente da sua identidade digital. Eles são suas ferramentas, sua memória, sua linha de comunicação — e frequentemente sua única conexão com o mundo online. Protegê-los não é opcional. É essencial.

No próximo capítulo, veremos mais de perto as redes sociais — onde a privacidade muitas vezes desaparece sem que você perceba.

Agora vamos falar sobre a história de Darren.

Quando o laptop de Darren desapareceu de sua mochila em uma cafeteria movimentada de New York City, ele disse a si mesmo que era apenas um roubo. Irritante? Sim. Inconveniente? Claro. Mas não devastador. Afinal, ele tinha seguro e um backup em casa. Ou pelo menos era o que pensava.

Foi apenas três dias depois que ele percebeu o que realmente havia sido roubado.

O ladrão não tinha levado apenas um dispositivo — tinha levado acesso à vida inteira dele. Darren não havia ativado senha de bloqueio de tela. Seus e-mails, armazenamento em nuvem e redes sociais estavam todos conectados automaticamente. Ele não fazia logout havia meses. Quem estivesse com aquele laptop tinha acesso direto a extratos bancários, contratos, anotações de clientes e até fotos privadas.

No início, nada aconteceu. Mas no quinto dia, ele recebeu um e-mail da conta comercial: "Senha alterada com sucesso." Minutos depois, seus clientes começaram a receber faturas estranhas. Então, seu Instagram passou a publicar anúncios suspeitos sobre sorteios de criptomoedas. Ele não conseguia entrar para impedir. Seu e-mail, PayPal e até o Dropbox haviam sido sequestrados.

O que mais doeu não foi o constrangimento — foi a perda de confiança. Um cliente antigo enviou uma mensagem perguntando: "Isso é uma brincadeira ou alguém realmente hackeou você?" Darren se sentiu exposto e pouco profissional. Nunca havia imaginado que o roubo de um dispositivo pudesse se transformar em um desastre digital.

As semanas seguintes foram um caos de controle de danos. Ele registrou boletim de ocorrência, congelou contas bancárias e entrou em contato com o suporte técnico de todas as plataformas de que conseguia se lembrar. Passou por vários processos de verificação de identidade — alguns simples, outros exaustivos. Muitas contas nunca foram recuperadas. Outras sim, graças a um único detalhe salvador: ele havia ativado autenticação em dois fatores em sua conta principal do Gmail meses antes.

Essa barreira de 2FA impediu o invasor de acessar tudo. Mas já era tarde para desfazer todo o estrago.

Quando a poeira baixou, Darren fez uma nova promessa — nunca mais trataria a segurança dos dispositivos como algo secundário.

Ele começou comprando um novo MacBook e recomeçando do zero. Primeiro, ativou o FileVault, o sistema de criptografia da Apple. Agora, se o dispositivo fosse roubado novamente, os dados seriam ilegíveis sem login. Configurou uma senha alfanumérica de 12 caracteres, não apenas impressão digital. Também definiu o bloqueio automático após 60 segundos de inatividade e exigência de senha para retornar do protetor de tela.

Depois, ativou o acesso remoto com o recurso Find My. Se o notebook desaparecesse, poderia localizá-lo no mapa — ou apagar tudo remotamente. Ele testou para garantir. Funcionava.

Então passou para o telefone. Darren nunca havia pensado muito sobre permissões de aplicativos antes. Mas agora analisou app por app, removendo acesso ao microfone, câmera e localização de tudo que não precisava. O aplicativo de lanterna não precisava de GPS. Um aplicativo de filtros de fotos não precisava dos contatos. A maioria não precisava de nada. Ele apagou mais de 20 aplicativos em uma única noite.

Depois veio o antivírus. Instalou Malwarebytes no Mac e Bitdefender no telefone. Eles executavam verificações silenciosas em segundo plano, mas lhe davam uma sensação reconfortante de controle. Também instalou uma VPN para trabalhar em cafeterias, hotéis e aeroportos. Agora, toda sessão em Wi-Fi público era criptografada.

Ele trocou o Google Chrome pelo Brave e Mozilla Firefox, passando a usar extensões de privacidade. Os anúncios rastreadores deixaram de segui-lo pela internet. Sua experiência online parecia mais leve — menos invasiva.

Quanto aos dispositivos inteligentes, Darren sempre amou conveniência. Mas nunca havia revisado as configurações da Amazon Alexa. Havia gravações da sua voz — conversas inteiras, até piadas contadas para amigos. Aquilo pareceu perturbador. Ele apagou tudo e silenciou o microfone. "Posso ligar quando precisar", pensou. "Mas não preciso que ela esteja ouvindo o tempo todo."

Por fim, Darren transformou isso em rotina: uma vez por mês verificava atualizações do dispositivo, permissões dos aplicativos e fazia uma auditoria rápida de privacidade. Também configurou backups automáticos criptografados para arquivos importantes. "Perder dados é ruim", disse a um amigo, "mas perder o controle deles? Isso é pior."

Semanas depois, outra freelancer próxima dele quase passou pelo mesmo problema — o celular dela foi roubado em um carro da Lyft, e ela não havia configurado senha de bloqueio. Darren a ajudou no processo de recuperação. "Você se surpreenderia com o quanto está em risco quando sua tela não está bloqueada", disse. "É como deixar a porta da sua casa completamente aberta."

Olhando para trás, ele percebeu que sua abordagem anterior — conveniência acima da cautela — quase custou seu negócio. Hoje, sua mentalidade mudou. Proteção de dispositivos não significa paranoia. Significa preparação.

Seu novo lema?

"Não é apenas um laptop. É minha vida dentro de alumínio."

Capítulo 5: Como Permanecer Privado nas Redes Sociais

As redes sociais são uma das maiores ameaças à sua privacidade online — e, ironicamente, também são os lugares onde as pessoas mais compartilham informações. Plataformas como Facebook, Instagram, TikTok, X, LinkedIn e Snapchat foram criadas para incentivar o engajamento rastreando cada clique, rolagem e comentário. O que você publica, o que curte, quem segue, quanto tempo permanece assistindo a um vídeo e até o que digita e apaga — tudo isso contribui para sua identidade digital.

A troca entre conexão e privacidade é sutil, mas significativa. Na superfície, você está compartilhando momentos com amigos. Nos bastidores, está entregando às plataformas e anunciantes um mapa detalhado dos seus hábitos, interesses, rotinas, personalidade, relacionamentos e até da sua saúde mental.

Entender como gerenciar sua privacidade nas redes sociais não significa apagar tudo. Significa assumir o controle. Com as configurações, comportamentos e limites certos, você pode aproveitar os benefícios das redes sociais enquanto minimiza os riscos.

Comece pela visibilidade do seu perfil. Toda plataforma social oferece algum tipo de configuração de privacidade que controla quem pode ver suas publicações, fotos, dados pessoais e lista de amigos. Revise essas configurações. No Facebook, por exemplo, defina seu perfil para que apenas amigos possam ver suas publicações — não o público ou "amigos de amigos". No Instagram e no TikTok, considere mudar para uma conta privada se você não for uma figura pública ou empresa. No LinkedIn, limite a visibilidade do perfil apenas para conexões — ou personalize o que o público pode ver.

Evite compartilhar detalhes pessoais em sua biografia ou em publicações públicas. Informações como data de nascimento completa, número de telefone, endereço residencial, nome da escola ou local de trabalho facilitam que ladrões de identidade montem um perfil completo sobre sua vida. Até detalhes aparentemente inofensivos, como o nome do seu animal de estimação ou banda favorita, podem ser usados para adivinhar respostas de recuperação de senha.

Depois, examine o compartilhamento de localização. Muitos aplicativos marcam automaticamente sua localização nas postagens. Se você publica regularmente em tempo real de sua casa, academia ou escola dos seus filhos, está basicamente oferecendo um mapa da sua rotina para estranhos. Desative geolocalização na câmera e nos aplicativos de redes sociais, a menos que realmente precise dela. Se quiser compartilhar fotos de viagens, espere voltar para casa antes de postar. Dados de localização em tempo real são uma das maiores vulnerabilidades de segurança para indivíduos e famílias.

Tenha cuidado com marcações e reconhecimento facial. Plataformas como Facebook e Instagram conseguem reconhecer rostos e marcar você automaticamente em fotos — mesmo que você não as tenha enviado. Isso cria uma biblioteca não oficial do seu rosto espalhada pela internet. Vá até as configurações e desative recursos de marcação automática ou reconhecimento facial. Além disso, revise e aprove manualmente marcações antes que apareçam publicamente em seu perfil. Isso protege não apenas sua privacidade, mas também sua reputação.

Depois, observe conexões com aplicativos de terceiros. Provavelmente você já utilizou sua conta de rede social para entrar em aplicativos ou sites. Embora seja conveniente, essas conexões frequentemente têm acesso total aos dados do seu perfil — e às vezes até aos dados dos seus amigos. Entre nas configurações e revogue acesso de aplicativos que não usa mais. É mais seguro utilizar e-mail ou criar logins separados para diferentes serviços.

Faça uma auditoria do seu histórico de publicações. Role seus posts antigos e pense no que alguém poderia aprender sobre você. Você fala sobre suas rotinas, família, opiniões políticas ou finanças? Um estranho poderia usar essas informações para se passar por você? Algumas plataformas permitem excluir ou arquivar conteúdo antigo em massa. Use isso a seu favor. Você também pode baixar uma cópia dos seus dados para ver o que a plataforma sabe sobre você — normalmente é muito mais do que imagina.

Agora vamos falar sobre mensagens diretas. Muitas pessoas assumem que DMs são privadas, mas a maioria das plataformas tem acesso aos metadados – e às vezes até ao conteúdo das mensagens. Aplicativos pertencentes à Meta Platforms, como Messenger, Instagram DMs e WhatsApp, podem analisar mensagens para "fins de segurança" ou usar metadados para direcionar anúncios. Para conversas realmente privadas, considere migrar para plataformas criptografadas ponta a ponta, como Signal, Telegram (apenas chats secretos) ou Proton Mail para e-mail.

Evite clicar em links ou anexos de fontes desconhecidas, mesmo que pareçam vir de amigos. Redes sociais são um terreno fértil para golpes de phishing, onde invasores sequestram contas e enviam links maliciosos disfarçados de vídeos engraçados, sorteios ou notícias chocantes.

Limite uploads de fotos e vídeos ao necessário. Toda imagem carrega metadados (dados EXIF), como localização, horário e informações do dispositivo. Embora algumas plataformas removam esses dados ao enviar arquivos, outras não. Antes de postar, considere remover esses metadados manualmente ou usar aplicativos que limpem informações das imagens.

Preste muita atenção às preferências de anúncios e rastreamento. A maioria das plataformas sociais permite visualizar como elas classificam você para anunciantes. Você pode acessar configurações de anúncios para desativar anúncios baseados em interesses, remover categorias e impedir que utilizem sua atividade em outros sites. Embora isso não interrompa todo rastreamento, reduz significativamente a personalização — e exploração — dos seus dados.

Lembre-se de que amigos também podem comprometer sua privacidade. Se alguém marcar você em uma foto, compartilhar uma história pessoal ou publicar algo com você ao fundo, esse conteúdo pode ser compartilhado, baixado ou republicado indefinidamente. Converse com pessoas próximas sobre o que você se sente confortável em compartilhar publicamente.

Para pais, tenha atenção especial ao chamado "sharenting" – compartilhar fotos e histórias dos filhos online. Embora pareça inocente, isso cria uma pegada digital para as crianças antes mesmo que tenham a chance de defini-la por conta própria. Pessoas mal-intencionadas já foram flagradas usando fotos infantis para golpes ou abusos. Sempre pergunte a si mesmo: eu gostaria que isso permanecesse online para sempre se fosse comigo?

Por fim, entenda que excluir sua conta não apaga seus dados. Empresas de redes sociais frequentemente mantêm suas informações por meses ou anos. Antes de excluir uma conta, baixe seus dados e revise cuidadosamente o que está armazenado. Algumas plataformas permitem desativação temporária preservando conteúdo offline.

As redes sociais não precisam se transformar em um pesadelo de privacidade. Mas exigem disciplina, consciência e uma abordagem proativa. Na próxima vez que for publicar algo, pare e pergunte: "Eu compartilharia isso se soubesse exatamente quem está assistindo?" Se a resposta for não, repense. Se for sim – pelo menos você estará fazendo essa escolha conscientemente.

No próximo capítulo, abordaremos navegação privada e mecanismos de busca — suas ferramentas para navegar na internet sem ser constantemente observado.

Lena e as redes sociais

Lena adorava redes sociais. Como blogueira de lifestyle e aspirante a influenciadora, aquele era seu playground, seu palco e sua fonte de renda. Ela publicava diariamente: receitas de smoothies, selfies da academia, vídeos de viagem e fotos do look do dia. Seus seguidores amavam sua transparência. "Obrigada por sempre mostrar a realidade!", comentavam. "Você é tão autêntica!" Ela até fazia transmissões ao vivo enquanto caminhava pelo supermercado ou buscava os filhos na escola.

Ela não se via como descuidada — apenas autêntica. Mas essa autenticidade teve um preço que ela nunca imaginou.

Tudo começou com mensagens estranhas. Primeiro, algumas DMs de contas anônimas perguntando os nomes dos filhos dela. Depois apareceu um comentário em uma publicação recente: "Boa rotina de academia. Eu te vi pessoalmente na terça passada — o mesmo moletom rosa, certo?" No início ela riu da situação. Mas depois recebeu um e-mail de alguém que dizia ser fã. A pessoa mencionou sua rua. Depois a cafeteria que frequentava toda segunda-feira.

Foi nesse momento que seu sorriso desapareceu.

Ela começou a se sentir observada.

A situação piorou. Um homem apareceu na academia perguntando na recepção se Lena estava lá. Ele sabia o nome dela, onde treinava e até o nome do personal trainer. A segurança o retirou do local, mas o arrepio na espinha permaneceu. Naquela noite, Lena analisou seu perfil. Tags de localização, check-ins, rotinas visíveis, amigos marcados, comemorações de aniversário — estava tudo lá, tudo público.

Ela havia construído um mapa digital completo da própria vida para qualquer pessoa seguir.

Na manhã seguinte, Lena fez algo que nunca tinha feito antes — abriu as configurações de privacidade de todas as suas plataformas sociais. Ficou chocada. Seu Instagram estava totalmente aberto. Qualquer pessoa podia ver publicações, stories e conteúdo marcado. Seu Facebook listava número de telefone, data de nascimento e até cidade natal. No TikTok, curtidas e vídeos salvos eram públicos. Ela havia concedido acesso a dezenas de aplicativos de terceiros ao longo dos anos. Muitos nem lembrava de usar.

Ela começou a apagar coisas.

Transformou o Instagram em conta privada, removeu informações de contato pessoais e passou a aprovar marcações manualmente. Excluiu centenas de seguidores desconhecidos. Desativou marcações de localização em fotos, apagou check-ins e arquivou posts que mostravam onde seus filhos estudavam. No Facebook, reduziu o perfil ao básico — primeiro nome, trabalho e foto de perfil. Todo o resto ficou oculto.

Depois cuidou das mensagens diretas. Parou de aceitar solicitações de desconhecidos e passou a usar Signal para conversas privadas com amigos e colaboradores. Publicou um vídeo explicando seus novos limites. "Adoro compartilhar minha vida com vocês", disse ela, "mas percebi que também preciso protegê-la."

Lena não parou de postar. Mas mudou a forma como fazia isso. Começou a usar legendas genéricas em vez de atualizações detalhadas. Parou de marcar localização em tempo real e passou a publicar fotos de viagens apenas depois de voltar para casa. Transferiu conteúdo exclusivo para uma lista privada de e-mails, onde podia controlar quem teria acesso.

Ela também conversou com o marido e os filhos sobre limites. Nada de publicar fotos uns dos outros sem permissão. Nada de fotos de família com geolocalização. Nenhum detalhe da casa. No começo pareceu restritivo — mas depois passou a parecer liberdade.

Alguns meses depois, compartilhou sua história em um evento local para mulheres empreendedoras. "Eu costumava achar que compartilhar demais significava conexão", disse ela. "Mas agora sei que conexão verdadeira começa com segurança. Se você não protege seu espaço digital, não está protegendo sua vida."

Ela recebeu aplausos de pé — e dezenas de mensagens de pessoas que nunca haviam pensado duas vezes sobre o que publicavam online. Uma mulher disse: "Eu não percebia o quanto estava entregando... obrigada por me mostrar como recuperar isso."

Lena continuou expandindo sua marca — mas agora com um novo senso de clareza. Redes sociais ainda faziam parte do negócio, mas deixaram de ser seu diário pessoal. Ela escolhia o que compartilhar, quando compartilhar e quem poderia ver. Não era sobre ser secreta — era sobre ser intencional.

Hoje, Lena continua postando regularmente. Seu público continua crescendo. Mas sua presença online agora é cuidadosamente selecionada, segura e baseada em autorrespeito. Sua mensagem é simples: você não precisa desaparecer para estar seguro. Só precisa parar de entregar aos estranhos um mapa da sua vida.

Capítulo 6: Navegação Privada e Mecanismos de Busca

Toda vez que você abre um navegador e pesquisa algo — seja uma dúvida sobre saúde, uma ferramenta financeira ou o melhor restaurante tailandês do bairro — você deixa um rastro para trás. Esse rastro inclui seus termos de pesquisa, histórico de navegação, localização, tipo de dispositivo, tempo gasto nas páginas e muito mais. Esses dados são coletados, analisados e compartilhados entre inúmeras redes. Na maioria dos casos, o objetivo é publicidade. Em outros, pode envolver vigilância, manipulação ou até exploração criminosa.

Muitas pessoas acreditam que usar "modo anônimo" ou "navegação privada" torna suas atividades invisíveis. Isso é um mito. A navegação privada apenas impede que o navegador salve histórico e cookies localmente no dispositivo. Ela não oculta sua atividade dos sites, do provedor de internet (ISP), do empregador (caso esteja usando um dispositivo corporativo) ou do governo. Para ter privacidade real, é necessário ir mais fundo.

Vamos começar pelos modos de navegação privada, já que muitas pessoas os utilizam sem compreender totalmente como funcionam. No Google Chrome, Mozilla Firefox, Safari e

Microsoft Edge, a navegação privada impede o armazenamento de cookies, cache e histórico de pesquisa no dispositivo. Isso é útil ao entrar em várias contas ou usar um computador compartilhado, mas não impede rastreadores, scripts de terceiros ou impressão digital do navegador. Pense nisso como apagar suas pegadas da sua própria trilha — mas não do ambiente ao redor.

Se você quiser reduzir rastreamento online, considere usar um navegador focado em privacidade. Brave, Mozilla Firefox (com configurações reforçadas de privacidade) e Tor Browser estão entre as melhores opções.

Brave bloqueia anúncios e rastreadores de terceiros por padrão, força conexões HTTPS e inclui proteção contra fingerprinting. Também oferece um modo de navegação privada com Tor integrado.

Mozilla Firefox pode ser personalizado com extensões e configurações mais rígidas de proteção contra rastreamento. É open source, constantemente atualizado e não compartilha seus dados com anunciantes.

Tor Browser é considerado o padrão ouro em anonimato. Ele direciona seu tráfego por múltiplos servidores operados por voluntários, criptografando os dados em cada etapa. No entanto, é mais lento e pode quebrar alguns sites devido ao bloqueio agressivo de privacidade.

Para usuários comuns, trocar o Chrome por Brave ou Firefox já proporciona um enorme ganho de privacidade sem sacrificar usabilidade.

Agora vamos falar sobre mecanismos de busca. Google domina o mercado de buscas, mas é conhecido pela intensa coleta de dados. Toda pesquisa realizada é registrada e associada ao seu endereço IP, localização e perfil de usuário (caso esteja conectado à conta). Esses dados são usados para personalizar anúncios, criar perfis comportamentais e influenciar os resultados exibidos.

Em vez disso, considere usar mecanismos de busca focados em privacidade:

DuckDuckGo não rastreia nem armazena seu histórico de buscas. Os anúncios exibidos são baseados apenas em palavras-chave, não em perfis pessoais.

Startpage utiliza resultados do Google, mas remove todas as informações identificáveis da sua solicitação. Atua como um filtro de privacidade.

Brave Search é um mecanismo crescente que oferece indexação independente sem rastreamento.

Mojeek é um dos poucos buscadores que cria seu próprio índice e não depende do Google ou Bing. É totalmente independente e privado.

Alterar o mecanismo de busca padrão no navegador ou nas configurações do dispositivo é uma medida poderosa. Isso garante que cada pesquisa — no celular ou computador — comece com privacidade em mente.

Vamos falar também sobre extensões de navegador. Esses pequenos complementos podem aumentar drasticamente sua privacidade online. Entre as principais recomendações estão:

uBlock Origin – bloqueia anúncios e rastreadores com eficiência.

Privacy Badger – desenvolvido pela EFF, aprende e bloqueia rastreadores invisíveis.

HTTPS Everywhere – força conexões criptografadas sempre que possível.

ClearURLs – remove automaticamente códigos de rastreamento de URLs.

Decentraleyes – fornece versões locais de bibliotecas web comuns para reduzir solicitações de terceiros.

Essas ferramentas trabalham silenciosamente nos bastidores para limpar a web e protegê-lo da vigilância. Mas seja seletivo. Muitas extensões podem deixar o navegador lento ou até criar novos riscos. Instale apenas extensões de desenvolvedores confiáveis.

Outra camada importante de proteção vem das VPNs (Redes Virtuais Privadas). Uma VPN direciona seu tráfego por um túnel criptografado, ocultando seu endereço IP e escondendo sua atividade de provedores de internet e curiosos em redes Wi-Fi públicas. Boas VPNs também impedem que sites descubram sua localização real e dificultam a criação de perfis baseados em sua navegação.

Entre os provedores confiáveis estão Proton VPN, Mullvad VPN, IVPN e NordVPN. Evite VPNs gratuitas, a menos que tenha certeza de que não registram seus dados. Lembre-se: se você não está pagando pelo produto, talvez você seja o produto.

Se você for mais cauteloso, considere combinar uma VPN com navegação privada e um navegador focado em privacidade. Por exemplo: usar Firefox com configurações rígidas + Startpage +

VPN cria uma forte camada de proteção para navegação cotidiana.

Um truque frequentemente ignorado é o isolamento de navegador. Use navegadores diferentes para tarefas diferentes. Por exemplo:

Firefox para redes sociais

Brave para navegação geral

Tor para pesquisas sensíveis

Um perfil separado de navegador para trabalho e atividade pessoal

Essa compartimentalização limita quanto qualquer plataforma pode aprender sobre você. Cookies, rastreadores e histórico permanecem isolados.

Por fim, considere os riscos da impressão digital do navegador. Mesmo que você bloqueie cookies e esconda seu IP, sites ainda podem identificá-lo com base em informações do dispositivo, como resolução de tela, fontes instaladas, fuso horário, versão do navegador e muito mais. Quanto mais única for sua configuração, mais fácil será identificá-lo.

Para combater isso, ferramentas como CanvasBlocker, Trace ou o próprio Tor Browser ajudam a randomizar ou bloquear dados de fingerprinting. O Brave também possui proteção integrada contra fingerprinting.

Em resumo, aqui está sua lista de verificação para uma navegação mais privada:

Troque para um navegador focado em privacidade (Brave, Firefox, Tor)

Use mecanismos de busca privados (DuckDuckGo, Startpage)

Adicione extensões bloqueadoras de rastreamento (uBlock Origin, Privacy Badger)

Use uma VPN em todos os dispositivos, especialmente em Wi-Fi público

Desative acesso à localização e câmera no navegador

Evite permanecer conectado em contas desnecessariamente

Use isolamento de navegador para separar atividades

Fique atento a fingerprinting e vazamento de metadados

Privacidade na web não é sobre se esconder com medo — é sobre escolher quando e como ser visto. No próximo capítulo, iremos ainda mais fundo em comunicação privada: como proteger mensagens, e-mails e chamadas contra olhares indiscretos.

A história de Eli e o Chrome

Eli era um homem tranquilo — um engenheiro que trabalhava remotamente, vivia modestamente e mantinha uma vida discreta. Mas online, ele era curioso. Lia sobre tudo: movimentos políticos obscuros, pesquisas climáticas, medicina alternativa e tecnologia de criptomoedas. Adorava mergulhar em "buracos de coelho" da internet, explorando ideias até tarde da noite.

Certa noite, após assistir a um documentário sobre capitalismo de vigilância, Eli ficou paranoico. Pesquisou "como o Google rastreia usuários", o que o levou a "browser fingerprinting" e depois a "como navegar de forma privada". Os resultados foram perturbadores. Seu navegador favorito — Google Chrome — registrava tudo. Seu histórico de pesquisas continha anos de perguntas, algumas pessoais, outras estranhas, a maioria esquecida. Sua conta Google estava sincronizada entre telefone, laptop e até smart TV. Cada movimento online fazia parte de um perfil digital crescente.

Ele nunca havia feito nada errado, mas a ideia de alguém poder acessar um mapa psicológico completo do seu comportamento online o deixava desconfortável. Anúncios o perseguiam há anos, mas agora ele entendia por quê. Ele não era apenas um usuário — era um ponto de dados.

A gota d'água veio quando pesquisou sintomas médicos. Durante semanas, passou a receber anúncios de tratamentos e clínicas que nem sequer havia clicado. Parecia que seus medos privados haviam sido vendidos ao maior comprador.

Naquela noite, Eli decidiu mudar.

Baixou o Brave — um navegador que havia ouvido dizer que bloqueava rastreadores por padrão. Imediatamente, sua experiência na web pareceu mais limpa. Menos anúncios. Sem vídeos estranhos reproduzindo automaticamente. As páginas carregavam mais rápido. Depois, alterou o mecanismo de busca padrão para DuckDuckGo. Nada de sugestões ligadas ao histórico. Sem personalização. Apenas resultados puros.

Então abriu as configurações do Chrome e viu tudo o que estava salvo. Histórico de navegação de três anos atrás. Dados de preenchimento automático de cartões de crédito e endereços. Todo o histórico de downloads. Dezenas de cookies de sites que nem visitava mais. Ele apagou tudo. Parecia limpar o chão de uma casa que vinha acumulando sujeira há anos sem perceber.

Mas Eli não parou aí.

Instalou uBlock Origin, Privacy Badger e HTTPS Everywhere — extensões que lhe deram sensação de controle. Configurou o Firefox como navegador secundário e passou a usá-lo exclusivamente para atividades ligadas à identidade — banco, impostos e logins de trabalho. Manteve o Brave para navegação geral e pesquisas no DuckDuckGo. Para pesquisas sensíveis, testou o Tor Browser. Era lento, mas eficaz.

Para aumentar ainda mais sua proteção, Eli assinou o Mullvad VPN, que nem exigia e-mail para cadastro. Agora, seu endereço IP permanecia mascarado em qualquer lugar. Ele até configurou a VPN para iniciar automaticamente sempre que o dispositivo ligasse.

Depois aprendeu sobre fingerprinting de navegador — como sites conseguem identificar usuários com base em especificações técnicas. Testou sua configuração em um site chamado Am I Unique?. O resultado o chocou: seu navegador possuía uma impressão digital única. Não importava que tivesse bloqueado cookies. Ele ainda podia ser identificado. Isso o levou a explorar CanvasBlocker e Trace, extensões que embaralhavam sua impressão digital. Ele as configurou cuidadosamente até encontrar equilíbrio entre privacidade e funcionalidade dos sites favoritos.

No começo, tudo parecia exagerado. Mas então percebeu algo: não estava mais vendo anúncios assustadoramente precisos. O YouTube já não parecia ler sua mente. Os resultados de busca voltaram a ser neutros. Ele não estava mais sendo direcionado, influenciado ou perfilado. Tornou-se invisível — não porque estivesse escondido, mas porque retomou o controle.

Certo fim de semana, um amigo visitou sua casa e pediu emprestado o laptop. O amigo abriu o Google e começou a digitar, mas não havia sugestões, logins preenchidos automaticamente nem sites salvos. “Cara, sua internet parece uma cidade fantasma”, brincou.

Eli sorriu. “Essa é a ideia.”

Meses depois, deu uma palestra em uma biblioteca local sobre privacidade digital. A sala estava cheia de pessoas que nunca haviam pensado duas vezes sobre seus navegadores. Eli mostrou uma demonstração ao vivo — dois navegadores lado a lado, um com configurações padrão e outro totalmente protegido. A diferença na quantidade de rastreadores, pop-ups e anúncios era impressionante.

"Você não precisa desaparecer da internet", disse ele. "Só precisa parar de entregar a chave da porta da frente."

As pessoas perguntaram qual havia sido a parte mais difícil. Ele pensou por um momento e respondeu: "Abrir mão da conveniência. Mas, depois que fiz isso, percebi como a internet é muito melhor quando não está observando você."

Hoje, Eli ainda navega, pesquisa e explora — mas em seus próprios termos. Ele sabe que privacidade não é paranoia. É tranquilidade. É ter liberdade para explorar ideias sem se transformar em um produto. E, para ele, isso vale cada clique extra.

Capítulo 7: Mensagens, E-mail e Comunicação Segura

A comunicação privada é um dos aspectos mais importantes — e frequentemente mais negligenciados — da privacidade online. Embora a maioria das pessoas presuma que suas mensagens de texto, e-mails e chamadas sejam seguras, a realidade é que muitas plataformas populares não foram criadas com foco em privacidade. Se você utiliza serviços convencionais como SMS padrão, Gmail ou Facebook Messenger, suas conversas provavelmente estão sendo analisadas, armazenadas ou até vendidas.

Seja discutindo assuntos financeiros, questões de saúde, estratégias de negócios ou apenas conversando com pessoas queridas, você tem direito à confidencialidade. Proteger sua comunicação não exige que você se torne um especialista em cibersegurança — apenas que passe a usar plataformas que priorizam criptografia, transparência e controle do usuário.

Vamos começar pelos aplicativos de mensagens. O SMS tradicional é uma das formas menos seguras de comunicação. As mensagens de texto não possuem criptografia ponta a ponta, o que significa que sua operadora — e potencialmente hackers ou autoridades — podem acessar o conteúdo das mensagens. Até o iMessage, embora criptografado entre dispositivos Apple, possui vulnerabilidades caso os backups estejam armazenados no iCloud sem criptografia adequada.

Para comunicação realmente segura, utilize aplicativos de mensagens com criptografia ponta a ponta. As melhores opções incluem:

Signal – Código aberto, gratuito e amplamente confiável. O Signal oferece criptografia ponta a ponta completa para mensagens, chamadas de voz, vídeo e chats em grupo. Armazena o mínimo possível de metadados e não registra conteúdo das mensagens.

Telegram (apenas Chats Secretos) – Os chats padrão do Telegram ficam armazenados na nuvem e não possuem criptografia ponta a ponta. Porém, o modo "Chat Secreto" é criptografado e oferece recursos como mensagens autodestrutivas.

WhatsApp – Oferece criptografia ponta a ponta por padrão, mas como pertence à Meta Platforms, compartilha parte dos metadados com a empresa controladora.

Threema – Aplicativo pago focado em privacidade, com uso anônimo e servidores localizados na Switzerland.

Entre esses aplicativos, o Signal é amplamente considerado o padrão ouro devido à sua transparência e compromisso com privacidade. Ele também permite configurar mensagens temporárias, bloqueio biométrico e backups criptografados.

Agora vamos falar sobre privacidade de e-mail. Provedores tradicionais como Gmail, Yahoo e Outlook são convenientes — mas analisam seus e-mails em busca de dados. Mesmo que o provedor não leia diretamente o conteúdo, ele pode analisar anexos, registrar metadados ou indexar informações para alimentar algoritmos de publicidade.

Para avançar rumo a um e-mail seguro, troque para serviços criptografados como:

Proton Mail – Baseado na Suíça, oferece e-mail criptografado ponta a ponta, sem registro de IP e cadastro anônimo. A Proton também oferece calendário e armazenamento seguro de arquivos.

Tutanota – Oferece e-mail, contatos e calendários criptografados com fortes políticas de privacidade e sem anúncios.

Mailfence – Plataforma segura com criptografia, calendários e assinatura digital, ideal para usuários empresariais.

A maioria dos provedores seguros utiliza criptografia PGP (Pretty Good Privacy) ou padrões proprietários para garantir que apenas remetente e destinatário possam ler uma mensagem — nem mesmo o provedor consegue acessar o conteúdo.

Você pode aumentar ainda mais a privacidade do e-mail:

Utilizando aliases para ocultar seu endereço real (via SimpleLogin ou AnonAddy)

Evitando usar e-mail em Wi-Fi público sem VPN

Ativando autenticação em dois fatores (2FA) na caixa de entrada

Evitando e-mail para informações extremamente sensíveis quando plataformas mais seguras, como Signal, estiverem disponíveis

Para usuários de alto risco — ativistas, jornalistas ou pessoas que trabalham com dados confidenciais — considere combinar e-mail criptografado com domínio próprio e servidor de e-mail pessoal. Isso aumenta o controle, embora exija mais conhecimento técnico.

Agora vamos para chamadas de voz e vídeo. Muitas pessoas presumem que suas chamadas são privadas, mas chamadas telefônicas comuns podem ser interceptadas. Aplicativos como Zoom, Skype ou FaceTime possuem diferentes níveis de segurança, mas nem sempre oferecem criptografia ponta a ponta em todas as situações.

Em vez disso, utilize aplicativos como Signal ou Jitsi Meet para chamadas criptografadas de voz e vídeo. As chamadas do Signal são privadas por padrão. O Jitsi é open source e permite videoconferências criptografadas sem necessidade de cadastro.

Agora vamos falar sobre metadados. Mesmo que suas mensagens estejam criptografadas, metadados — como com quem você falou, quando e por quanto tempo — ainda costumam ser coletados. Esses dados podem revelar muito sobre seus hábitos, localização e rede social. O Signal e o ProtonMail minimizam coleta de metadados, enquanto a maioria dos aplicativos convencionais registra tudo extensivamente.

Para reduzir exposição de metadados:

Use aplicativos que minimizem registros (Signal, Threema)

Desative confirmações de leitura e indicadores de digitação

Evite vincular seu número de telefone quando isso for opcional

Use aliases de e-mail e nomes de usuário não identificáveis

Evite sincronizar contatos automaticamente

Você também deve assumir controle sobre armazenamento de mensagens. Muitas pessoas não percebem que mensagens apagadas ainda podem permanecer acessíveis em backups na nuvem, capturas de tela ou exportações de conversas. Para limitar isso:

Ative mensagens temporárias para chats pessoais (disponível no Signal, WhatsApp e Telegram)

Desative backups em nuvem ou utilize armazenamento criptografado

Apague históricos de conversas regularmente

Eduque seus contatos sobre comunicação segura também

Tenha cuidado com grupos de conversa, que são mais difíceis de proteger. Se um único membro tiver hábitos inseguros ou salvar transcrições, todo o grupo pode ser comprometido. Mantenha discussões sensíveis em grupos pequenos e confiáveis usando apenas aplicativos criptografados.

E não se esqueça dos rastreadores de e-mail. Muitas newsletters e e-mails de marketing incluem pixels invisíveis que informam quando você abriu a mensagem, qual dispositivo utilizou e onde estava. Para bloqueá-los:

Use extensões como Trocker ou uBlock Origin

Desative carregamento automático de imagens no cliente de e-mail

Abra e-mails promocionais em texto simples sempre que possível

Em resumo, aqui está sua lista de verificação para comunicação segura:

Use Signal para mensagens, chamadas de voz e vídeo com contatos confiáveis

Use ProtonMail ou Tutanota para e-mail — especialmente para conteúdo sensível

Evite SMS padrão ou Gmail para assuntos privados ou jurídicos

Ative mensagens temporárias, bloqueios de tela e autenticação em dois fatores

Desative recursos de metadados como confirmação de leitura e sincronização de contatos

Evite Wi-Fi público sem VPN

Minimize armazenamento e backups de comunicações sensíveis

Privacidade na comunicação não significa apenas evitar espionagem — significa recuperar intimidade, confiança e autonomia em um mundo que lucra com suas conversas.

No próximo capítulo, mudaremos o foco para proteger sua identidade e finanças contra golpes online, vazamentos de dados e roubos.

A história de Amira e a autenticação em dois fatores

Amira era uma consultora freelancer que trabalhava com clientes do mundo inteiro. Ela construiu seu negócio do zero usando Zoom, Gmail, Google Docs e WhatsApp. Comunicação era tudo. Ela estava sempre disponível — trocando mensagens tarde da noite, enviando e-mails entre fusos horários e alternando entre plataformas. Era eficiente, rápido... e vulnerável.

Ela nunca pensou muito sobre privacidade até o dia em que recebeu um e-mail estranho de um cliente do United Kingdom: "Oi, só confirmando — você enviou este contrato novamente? Algo parece estranho." Anexado estava uma cópia de uma proposta enviada semanas antes. Mas havia diferenças sutis. Sua assinatura parecia estranha. Os dados de pagamento haviam sido alterados. Alguém copiou sua mensagem, editou e enviou usando um endereço de e-mail quase idêntico ao dela — mudando apenas uma letra.

O golpista estava monitorando suas conversas e se infiltrou na troca de mensagens sem que ela ou o cliente percebessem. Seu estômago afundou. Estariam lendo seus e-mails? Há quanto tempo isso acontecia?

Ela imediatamente verificou sua conta Gmail. Lá estava — uma cópia encaminhada automaticamente de cada e-mail enviado para um endereço desconhecido. Sua caixa de entrada havia sido comprometida. Ela não tinha ativado autenticação em dois fatores. Sua senha era antiga e reutilizada. Percebeu que não fazia ideia de há quanto tempo alguém estava espionando.

Amira ficou furiosa — e envergonhada.

Ela alterou todas as senhas e ativou 2FA em cada conta que conseguiu lembrar. Mas sabia que isso não bastava. Sua confiança havia sido destruída. Então começou a reconstruir sua comunicação digital colocando privacidade no centro.

A primeira coisa que fez foi criar uma conta no Proton Mail. Parecia estranho abandonar o Gmail — grande parte da vida dela estava ali. Mas o ProtonMail era limpo, simples e criptografado. Ela criou um novo endereço de e-mail para comunicação sensível e enviou um aviso aos clientes: "Para sua segurança e a minha, passarei a utilizar e-mail criptografado daqui para frente."

Depois, baixou o Signal. Inicialmente pensou que fosse apenas mais um aplicativo de mensagens — mas rapidamente tornou-se seu favorito. Era rápido, limpo e tudo era privado por padrão. Ela começou a transferir clientes e colaboradores para a plataforma um por um. Alguns hesitaram no começo, mas quando ela explicou o que havia acontecido, entenderam. "Devíamos ter feito isso antes", comentou um deles.

Ela também instalou o Jitsi Meet para chamadas de vídeo. Sem downloads, sem rastreamento e sem necessidade de registro. Não era tão sofisticado quanto o Zoom, mas funcionava — e respeitava sua privacidade. Para projetos maiores, ainda usava ferramentas tradicionais, mas com muito mais cuidado. Adicionava senhas às reuniões, utilizava salas de espera e nunca reutilizava links.

Para se proteger contra futuras falsificações de e-mail, comprou um domínio próprio e o protegeu com registros DNS e SPF robustos — passos aprendidos em um fórum de cibersegurança. Isso a fez parecer mais profissional e lhe deu controle. Nada mais de depender de serviços de terceiros que vendiam seus dados nos bastidores.

Ela também treinou a si mesma para identificar tentativas de phishing — aqueles e-mails enganosos que parecem reais, mas não são. Nunca mais clicava em links diretamente de e-mails. Confirmava detalhes de pagamento por telefone. Desativou carregamento automático de imagens para bloquear rastreadores. Até criou um alias de e-mail para assinaturas online, separando o mundo profissional do barulho do marketing.

Certa noite, sentou-se diante do computador olhando para seu painel. Signal. ProtonMail. Jitsi. SimpleLogin. Tudo organizado. Sem anúncios. Sem rastreadores. Sem surpresas. Sentia como se finalmente tivesse limpado uma bagunça digital que vinha crescendo havia anos.

Sua mentalidade mudou. Ela não via mais privacidade como opcional. Fazia parte do profissionalismo — parte da integridade dela. Assim como usar cinto de segurança, não era sobre medo. Era sobre responsabilidade.

Amira não guardou sua transformação apenas para si. Fez uma apresentação em uma conferência online para freelancers chamada "Como Conversar Sem Ser Rastreado". Centenas de pessoas participaram. Ela mostrou como configurar e-mail criptografado, usar Signal e proteger caixas de entrada contra spam e falsificação. As perguntas não paravam de chegar. Um participante escreveu: “Eu nem sabia que estava tão exposto até agora. Obrigado.”

Olhando para trás, o ataque havia sido um ponto de virada. Não se tratava apenas de impedir um golpe. Tratava-se de redefinir limites. Hoje, Amira trabalha com mais clientes do que nunca — mas nos próprios termos. Sua comunicação é intencional, criptografada e segura.

Porque agora, quando ela clica em “enviar”, sabe exatamente quem está recebendo a mensagem – e quem não está.

Capítulo 8: Roubo de Identidade e Privacidade Financeira

Sua identidade é um dos seus bens mais valiosos — e, na era digital, também é um dos mais vulneráveis. Com apenas algumas informações — seu nome, data de nascimento, endereço e número de identificação — um criminoso virtual pode solicitar empréstimos, abrir cartões de crédito, declarar impostos falsos ou esvaziar sua conta bancária. O roubo de identidade afeta milhões de pessoas todos os anos e frequentemente passa despercebido até que grandes danos financeiros já tenham ocorrido.

Embora a proteção total contra roubo de identidade talvez não seja possível, você pode se tornar um alvo muito mais difícil. Garantir sua privacidade financeira exige uma estratégia em camadas que inclua proteção de contas, monitoramento proativo, minimização de dados e hábitos inteligentes.

Vamos começar pelo básico: o que é roubo de identidade? Ele ocorre quando alguém usa seus dados pessoais sem sua permissão, normalmente para ganho financeiro. As formas mais comuns incluem:

Abrir contas de crédito em seu nome

Declarar impostos fraudulentos para obter reembolsos

Roubar benefícios médicos

Solicitar assistência governamental

Usar suas informações para cometer crimes ou evitar autoridades

Criminosos conseguem esses dados de várias maneiras: golpes de phishing, vazamentos de dados, malware, correspondência roubada ou engenharia social. Mas, cada vez mais, o roubo de identidade começa com informações que você compartilha sem perceber online – através de redes sociais, formulários ou sites inseguros.

Comece protegendo seus identificadores sensíveis. Seu número de identificação, data de nascimento e documentos oficiais nunca devem ser inseridos em sites não verificados. Evite enviar documentos com informações pessoais por e-mail — especialmente ao solicitar empréstimos, empregos ou moradia. Em vez disso, utilize serviços seguros de compartilhamento de arquivos ou anexos criptografados.

Depois, concentre-se na segurança das contas financeiras. Cada conta bancária, cartão de crédito ou investimento deve ter:

Senhas fortes e exclusivas

Autenticação em dois fatores (2FA)

Alertas para logins, transações e alterações de senha

Opções de recuperação de conta atualizadas regularmente

Tenha cuidado ao conectar contas financeiras a aplicativos ou serviços de terceiros. Sempre verifique se utilizam criptografia em nível bancário e possuem políticas claras de privacidade. Em caso de dúvida, acesse suas contas diretamente pelo site ou aplicativo oficial da instituição financeira.

Uma das ferramentas mais poderosas à sua disposição é o monitoramento e congelamento de crédito. Nos United States, você tem direito a um relatório de crédito gratuito por ano de cada uma das três principais agências — Experian, Equifax e TransUnion — através de AnnualCreditReport.com. Verifique esses relatórios em busca de contas desconhecidas, consultas suspeitas ou erros.

Para maior proteção, considere congelar seu crédito. O congelamento restringe acesso ao seu relatório de crédito, dificultando que fraudadores abram novas contas em seu nome. Você pode suspender temporariamente o bloqueio quando precisar solicitar crédito legítimo.

Se ainda não quiser congelar o crédito, configure um alerta de fraude. Isso exige que credores verifiquem sua identidade antes de abrir novas contas.

Seja proativo com ferramentas de monitoramento de identidade. Serviços como Aura, IdentityForce ou LifeLock oferecem monitoramento de alterações de crédito, vazamentos na dark web, registros públicos e atividades financeiras. Alguns bancos e cartões já incluem monitoramento gratuito como parte dos serviços.

Outro risco frequentemente ignorado vem de registros públicos e corretores de dados. Empresas como Spokeo, Whitepages e PeopleFinder compilam informações de fontes públicas — registros eleitorais, propriedades e processos judiciais — e as vendem. Felizmente, você pode solicitar remoção manual da maioria dessas bases. Serviços como PrivacyDuck e DeleteMe oferecem remoções automáticas mediante pagamento.

Agora vamos falar sobre compras online e privacidade de pagamentos. Evite inserir dados do cartão em sites desconhecidos ou inseguros. Procure "HTTPS" no endereço do site e pesquise sua legitimidade antes de prosseguir. Sempre que possível, utilize:

Cartões virtuais – números temporários e mascarados que protegem seus dados reais

Aplicativos de pagamento com proteção antifraude integrada, como Apple Pay, Google Pay e PayPal

Cartões pré-pagos para transações de menor risco

Essas ferramentas reduzem drasticamente a chance de exposição do número real do cartão em vazamentos de dados.

Tenha extremo cuidado com golpes de phishing. Eles podem chegar por e-mail, SMS ou chamadas telefônicas fingindo ser seu banco, a Receita Federal ou grandes marcas. Nunca clique em links suspeitos e jamais forneça informações pessoais a menos que você tenha iniciado o contato. Sempre acesse diretamente o site oficial da empresa.

Considere criar endereços de e-mail separados para contas financeiras e uso geral. Isso reduz exposição e facilita identificar atividades suspeitas. Utilize aliases ou serviços de encaminhamento de e-mail, como SimpleLogin, para manter seu endereço real privado ao criar contas em novos serviços.

Se você usa armazenamento em nuvem como Google Drive, Dropbox ou iCloud para documentos financeiros, proteja tudo com autenticação em dois fatores, criptografia e compartilhamento limitado. Não armazene declarações fiscais, digitalizações de documentos ou números de conta sem criptografia em dispositivos ou pastas compartilhadas.

E se sua identidade for roubada?

Aja imediatamente:

Registre uma ocorrência em IdentityTheft.gov

Entre em contato com instituições afetadas para congelar ou encerrar contas

Ative alerta de fraude ou congelamento de crédito nas três agências principais

Registre boletim de ocorrência, se necessário

Guarde registros de todas as comunicações e etapas de recuperação

O impacto emocional do roubo de identidade pode ser severo. Muitas vítimas relatam vergonha, raiva ou sensação de impotência. Mas estar informado e preparado reduz tanto o risco quanto o tempo de recuperação.

Em resumo, sua estratégia de privacidade financeira e proteção de identidade deve incluir:

Segurança em nível de conta (senhas, 2FA, alertas)

Monitoramento e congelamento de crédito

Remoção de dados de corretores de informação

Métodos seguros de pagamento online

Consciência contra phishing

Armazenamento criptografado de documentos sensíveis

Um plano pessoal de resposta caso algo dê errado

No mundo digital, proteger sua identidade é proteger sua liberdade. Não se trata de viver com medo — mas de viver preparado.

No próximo capítulo, mudaremos o foco para privacidade online de famílias e crianças e como criar hábitos digitais seguros em casa.

Agora, vamos para uma história única.

Thomas nunca imaginou que sua identidade seria roubada — especialmente antes do café da manhã. Tudo começou com uma mensagem do banco às 6h13 da manhã: "Você tentou realizar uma transferência de US$ 4.200?" Ainda meio dormindo, ele leu a mensagem e congelou. Não havia tentado.

Abriu o aplicativo bancário e viu que a conta estava bloqueada. O pânico surgiu imediatamente. O que estava acontecendo?

Nas horas seguintes, o pesadelo se desenrolou. Alguém havia aberto um cartão de crédito em seu nome. Um pedido de empréstimo havia sido feito usando seu número de identificação. Pior ainda: os criminosos já tinham acessado sua conta bancária usando credenciais roubadas em um vazamento de dados de uma loja onde ele nem comprava há anos. Um criminoso reuniu informações suficientes — vindas de contas antigas, redes sociais e formulários online — para se passar por ele.

Thomas sentiu-se violado. Não apenas financeiramente, mas pessoalmente. Alguém havia entrado em seus sapatos digitais e levado pedaços da sua vida.

Ele sempre se considerou cuidadoso. Não compartilhava demais online, não caía em spam. Mas agora, após inúmeras ligações para bancos, agências de crédito e polícia, percebeu que cautela não era o mesmo que proteção.

Naquela noite, Thomas sentou-se à mesa e começou a reconstruir sua vida digital — tijolo por tijolo.

Primeiro, congelou seu crédito nas três grandes agências: Experian, Equifax e TransUnion. Levou cerca de 20 minutos, mas fez enorme diferença. Ninguém — nem ele próprio — conseguiria abrir uma nova linha de crédito até que o congelamento fosse suspenso manualmente. Também ativou alertas de fraude para que credores verificassem qualquer solicitação futura feita em seu nome.

Depois, criou contas no AnnualCreditReport.com e baixou seus relatórios. Havia cinco consultas desconhecidas registradas — prova da fraude. Ele abriu disputas com cada agência e enviou documentos comprobatórios. Em seguida, registrou ocorrência no IdentityTheft.gov, que o ajudou a gerar cartas para credores e um plano de recuperação.

Thomas também revisou todas as contas financeiras. Alterou senhas, ativou autenticação em dois fatores e removeu antigos endereços de e-mail inseguros. Inscreveu-se em alertas de login e notificações de transações para nunca mais ser pego de surpresa.

Depois foi atrás dos corretores de dados. Um por um, pesquisou seu nome em sites como Whitepages, Spokeo e MyLife. Para sua surpresa, muitos listavam nome completo, idade, endereços antigos, telefone e até nomes de familiares. Qualquer pessoa podia pagar alguns dólares e baixar seu perfil pessoal. Ele passou um fim de semana inteiro solicitando remoção de todos os sites que encontrou. Parecia cansativo —

mas necessário. "Eu nunca deixaria a porta da minha casa aberta", pensou. "Por que deixaria minha vida digital exposta?"

Também começou a usar um gerenciador de senhas e criou logins exclusivos para cada conta. Nunca mais reutilizou a mesma frase com números no final. Passou a usar cartões virtuais para compras online — números temporários e mascarados ligados à conta real, mas que expiravam após uso único. Criou conta no Proton Mail e moveu todos os e-mails financeiros para um novo endereço privado. Era como trocar a chave de uma casa que havia sido invadida.

Mais tarde naquele mês, Thomas participou de um workshop local de cibersegurança. Não estava sozinho. Dezenas de pessoas tinham histórias parecidas — pessoas que clicaram no e-mail errado, reutilizaram senhas demais ou preencheram formulários online sem pensar duas vezes. "A parte mais assustadora", compartilhou durante perguntas e respostas, "foi perceber que eu nem sabia que era vulnerável. Eu não era imprudente — apenas não estava preparado."

Com o tempo, Thomas tornou-se o defensor da privacidade em seu círculo. Ensinou familiares a congelarem crédito. Mostrou à irmã como usar aliases anônimos de e-mail em candidaturas de emprego. Até ajudou os pais a limpar perfis online e começar a usar aplicativos de mensagens seguras.

Meses depois, recebeu uma carta de um dos bancos que havia negado o pedido fraudulento de empréstimo. Dizia: "Solicitação negada devido a inconsistência de identidade." Ele sorriu. Suas defesas finalmente estavam funcionando.

Thomas nunca esqueceu como foi ser pego de surpresa. Mas também nunca esqueceu o quanto foi poderoso retomar o controle.

Para ele, privacidade não era sobre se esconder. Era sobre permanecer firme. Era proteger a base de quem ele era – seu nome, sua voz e suas escolhas – antes que outra pessoa tentasse reivindicá-las.

Capítulo 9: Privacidade Online para Famílias e Crianças

Na casa moderna, privacidade não é apenas uma preocupação dos adultos — é uma questão familiar. As crianças estão crescendo em um mundo digital onde seus hábitos, preferências, vozes, imagens e até dados biométricos estão sendo coletados desde cedo. Seja por aplicativos educacionais, brinquedos inteligentes, canais do YouTube ou redes sociais, as crianças estão sendo rastreadas — muitas vezes sem compreender os riscos ou dar consentimento real.

Como pai, mãe ou responsável, proteger a privacidade online dos seus filhos pode parecer uma tarefa esmagadora. Mas, com as ferramentas, consciência e limites certos, você pode criar um ambiente digital que permita às crianças explorar com segurança enquanto mantém suas informações pessoais longe das mãos erradas.

Comece entendendo o alcance da coleta de dados em plataformas infantis. Muitos aplicativos e sites voltados para crianças rastreiam comportamento, padrões de uso e até pressionamentos de teclas. Alguns coletam localização, gravações de voz ou acesso à câmera. Embora leis como a COPPA (Children's Online Privacy Protection Act) nos United

States restrinjam como empresas podem coletar dados de menores de 13 anos, a fiscalização é inconsistente — e muitos aplicativos contornam as regras ao se direcionarem para "famílias" em vez de "crianças".

Por isso, supervisão parental é essencial. O primeiro passo é limitar exposição. Crianças abaixo de certa idade não devem ter acesso irrestrito à internet. Utilize sistemas específicos para crianças, como Amazon Kids+ ou o modo infantil do iPad, e configure ferramentas de segurança familiar em todos os dispositivos. Tanto iOS quanto Android oferecem controles parentais capazes de restringir downloads de aplicativos, bloquear sites, gerenciar tempo de tela e exigir aprovação para compras ou acesso a conteúdo.

Depois, revise e gerencie permissões dos aplicativos. Muitos apps infantis solicitam acesso desnecessário à câmera, microfone, contatos ou localização. Essas permissões podem ser revogadas nas configurações do dispositivo. Pergunte-se: um aplicativo de colorir realmente precisa de GPS? Se a resposta for não, negue a solicitação ou exclua o aplicativo completamente.

Também é importante conversar abertamente com seus filhos sobre pegadas digitais. Mesmo crianças pequenas conseguem compreender o conceito básico de privacidade. Ensine-as a não compartilhar nome completo, endereço, escola ou telefone online. Incentive-as a procurá-lo caso encontrem comportamento estranho, pop-ups suspeitos ou mensagens de desconhecidos. Use dramatizações e exemplos para praticar o que fazer em situações suspeitas na internet.

As redes sociais adicionam outra camada de complexidade. A maioria das plataformas estabelece idade mínima de 13 anos, mas muitas crianças entram antes. Se seu filho usa plataformas como TikTok, Instagram ou YouTube, ajude-o a:

Configurar o perfil como privado

Desativar compartilhamento de localização

Usar pseudônimo ou apenas o primeiro nome

Evitar publicar identificadores pessoais

Desativar mensagens diretas de desconhecidos

Limitar quem pode visualizar, comentar ou marcar publicações

Melhor ainda: adie o uso de redes sociais até que a criança tenha maturidade suficiente para entender o impacto de longo prazo de compartilhar online. Toda publicação pode ser copiada, salva e redistribuída — mesmo após ser apagada. Ajude-os a entender que a internet tem memória.

Os pais também precisam considerar o próprio comportamento online, especialmente com o chamado "sharenting" — publicar fotos, vídeos ou histórias dos filhos nas redes sociais. Embora pareça inofensivo, esses posts frequentemente revelam nomes, aniversários, localização, rotina e rostos que podem ser capturados por ferramentas de reconhecimento facial ou reutilizados por pessoas mal-intencionadas. Antes de publicar, pergunte-se: meu filho consentiria com isso no futuro? Ele ficará confortável sabendo que essa foto existirá para sempre?

Você também pode proteger sua família utilizando mecanismos de busca infantis como Kiddle ou KidRex, além de plataformas educacionais seguras que não dependam de publicidade. Escolha ferramentas e jogos com políticas claras de privacidade e que não vendam ou monetizem dados de usuários. Apoie empresas que pratiquem minimização de dados e permitam exclusão fácil de contas e informações.

Instale bloqueadores de anúncios e proteção contra rastreamento em todos os dispositivos da casa. Crianças não devem ser alvo de anúncios manipulativos baseados em seus hábitos de navegação. Navegadores como Brave ou Mozilla

Firefox (com controles parentais) são mais seguros do que opções padrão como Google Chrome. Você também pode instalar ferramentas como CleanBrowsing ou OpenDNS FamilyShield para filtrar conteúdo inadequado ou inseguro em nível de rede.

É uma boa ideia limitar dispositivos inteligentes como Amazon Alexa, Google Home e brinquedos conectados à internet nos quartos das crianças. Esses dispositivos frequentemente escutam continuamente e podem gravar ou transmitir dados sem total transparência. Se usá-los, desative registros de gravação e revise configurações de privacidade regularmente.

Eduque-se sobre phishing e golpes direcionados a crianças. Crianças podem não reconhecer sorteios falsos, "downloads gratuitos de jogos" ou pop-ups que tentam fazê-las inserir informações pessoais. Extensões de navegador que bloqueiam pop-ups e anúncios enganosos ajudam, mas orientação e diálogo continuam sendo suas ferramentas mais fortes.

Crie um plano familiar de privacidade digital, incluindo regras como:

Não compartilhar informações pessoais online

Sempre pedir permissão antes de baixar um aplicativo

Conversar com um adulto antes de responder mensagens de desconhecidos

Usar senhas fortes e nunca compartilhá-las com amigos

Sair das contas em dispositivos compartilhados

Usar o tempo de tela como oportunidade para revisão de privacidade

Por fim, lidere pelo exemplo. Se espera que seus filhos valorizem privacidade, mostre como isso funciona na prática. Deixe-os ver você ajustando configurações, questionando permissões de aplicativos ou utilizando ferramentas criptografadas. Faça da privacidade parte de conversas normais — não apenas um discurso de punição ou medo.

Em resumo, manter crianças seguras online não significa apenas bloquear sites — significa construir hábitos para a vida inteira. Capacite seus filhos a serem curiosos, criativos e conectados — mas com limites. O mundo digital veio para ficar. Seu papel é garantir que eles cresçam nele com segurança, consciência e respeito pelas próprias informações.

No próximo e último capítulo instrucional, conectaremos tudo isso com um sistema para construir hábitos duradouros de privacidade digital — para você e para aqueles que ama.

O futuro de Sofia

Sofia sempre acreditou que era uma boa mãe. Ela tinha orgulho da criatividade e confiança da filha Emma. Quando Emma começou a gravar vídeos engraçados no tablet, Sofia a incentivou. No início, eram apenas pequenas esquetes e danças filmadas na sala de casa. Sofia publicava no Facebook ou Instagram com legendas como "Temos uma futura estrela aqui! 💫". Amigos e familiares adoravam. Curtidas e corações apareciam sem parar.

Mas então as coisas começaram a mudar.

Emma, agora com dez anos, passou a querer publicar os vídeos sozinha. Queria uma conta no TikTok, como as colegas da escola. Tinha ouvido dizer que algumas crianças "viralizavam", ganhavam presentes ou até ficavam famosas. Sofia hesitou, mas acabou cedendo — sob uma condição: ela monitoraria tudo.

No começo parecia inocente. Emma dançava, fazia lip-sync e gravava artesanato. O número de seguidores cresceu rapidamente. Então, certo dia, Sofia olhou os comentários do vídeo mais recente da filha. Havia dezenas — alguns de outras crianças, outros claramente de adultos fingindo ser jovens. Um comentário dizia: "Você é muito bonita. Quer conversar?"

Outro perguntava onde Emma morava. Uma conta não tinha foto de perfil, publicações nem qualquer identificação além de números no nome de usuário.

O estômago de Sofia afundou.

Ela apagou o vídeo — depois apagou a conta inteira. Emma chorou por horas. "Por que você está estragando tudo?", perguntou. Sofia não sabia como explicar que havia aberto, sem perceber, uma janela para a vida delas — e estranhos estavam olhando para dentro.

Naquela noite, Sofia ficou acordada até tarde lendo sobre segurança online infantil. Descobriu como aplicativos coletam dados — até mesmo de crianças. Leu sobre ferramentas de reconhecimento facial, corretores de dados criando perfis de menores e predadores usando vídeos inocentes para encontrar alvos vulneráveis. Ela achava que apenas estar presente bastava. Não bastava.

No dia seguinte, Sofia sentou-se com Emma e criou um novo plano.

Elas redefiniram todos os dispositivos. No tablet de Emma, desativaram compartilhamento de localização, acesso à câmera para aplicativos não essenciais e desligaram o microfone sempre que possível. Sofia instalou o Google Family

Link e passou a utilizá-lo para definir limites de tempo, aprovar novos aplicativos e filtrar conteúdo. Também trocaram o navegador de Emma pelo Kiddle, uma versão infantil do Google com resultados filtrados e sem anúncios.

Sofia criou um novo endereço de e-mail compartilhado para as atividades online da filha — um endereço que não incluía nome completo nem dados pessoais. Conversaram sobre nomes de usuário e por que é mais seguro não incluir aniversários, escolas ou qualquer informação identificável.

Depois veio a parte difícil — Sofia precisou assumir responsabilidade pelo próprio excesso de compartilhamento.

Ela voltou no tempo em suas contas do Instagram e Facebook. Havia dezenas de fotos de bebê, imagens do primeiro dia de aula, festas de aniversário e Emma usando uniforme escolar — com o nome da escola perfeitamente visível. Sem perceber, Sofia havia revelado mais informações do que Emma jamais revelou. Então começou a apagar tudo. Doeu um pouco. Aquilo eram memórias. Mas já não pertenciam apenas a ela para compartilhar.

Elas também conversaram sobre consentimento digital. Emma aprendeu que, só porque alguém faz uma pergunta online, não significa que ela precise responder. Aprendeu que privacidade significa não precisar se apresentar para estranhos. Que ela tinha direito de dizer não — para comentários, mensagens e até para adultos. Sofia observou a filha absorver essas ideias e, pela primeira vez, Emma não resistiu. Sentia-se mais no controle.

Conforme as semanas passaram, a rotina delas mudou. Criaram um calendário digital compartilhado, programaram fins de semana sem telas e começaram a usar Signal para conversar com amigos e familiares próximos. Emma continuou gravando vídeos — mas agora eles eram armazenados em uma pasta privada, compartilhada apenas com avós e alguns amigos de confiança. Sofia e Emma produziam os vídeos juntas, e riam mais agora que não existia pressão para "viralizar".

Na escola, Emma começou a perceber coisas que os amigos não notavam — como aplicativos pedindo permissões estranhas ou conteúdos patrocinados tentando manipulá-los. Tornou-se a defensora da privacidade em sua turma. Um dia disse à professora: "Você sabia que esse aplicativo vende seus dados?" Sofia sorriu quando ouviu a história.

Mais tarde naquele ano, elas organizaram uma "Noite de Segurança Digital" na biblioteca local. Pais compareceram. Professores também — e até alguns adolescentes. Sofia e

Emma ficaram lado a lado diante da plateia compartilhando sua história — o que aprenderam, o que as assustou e o que mudou.

Sofia encerrou a palestra com uma ideia simples: "Não queremos criar nossos filhos para terem medo da internet. Queremos que eles tenham consciência. E queremos protegê-los — não apenas dizendo não, mas dizendo sim para hábitos mais inteligentes."

Os aplausos foram fortes, mas o que mais marcou Sofia foi uma mensagem recebida no dia seguinte: "Obrigada. Eu não percebia que estava entregando a história do meu filho até ouvir a sua."

Hoje, Sofia acredita que privacidade é um presente que passamos adiante. Não apenas através de regras e restrições, mas por meio de exemplo, confiança e conversa. E, naquela casa, segurança digital deixou de ser sermão — tornou-se estilo de vida.

Capítulo 10: Construindo Hábitos de Privacidade para Toda a Vida

A esta altura, você já explorou as principais áreas da privacidade online — desde senhas e redes sociais até mensagens seguras, proteção de dispositivos e segurança financeira. Mas conhecimento sem ação consistente desaparece com o tempo. É por isso que este capítulo final se concentra em transformar consciência em hábitos de privacidade para toda a vida — hábitos que evoluem junto com você. No mundo atual movido por dados, privacidade não é mais uma solução única — é uma prática diária.

Comece mudando sua mentalidade. Privacidade não é sobre se esconder — é sobre escolher o que compartilhar, com quem e quando. É sobre exercer seus limites digitais da mesma forma que você protege seus limites físicos. Você não deixaria um estranho entrar na sua casa sem permissão. Também não deveria permitir que empresas desconhecidas ou pessoas mal-intencionadas entrem nos seus dados.

Para manter privacidade digital a longo prazo, crie um sistema de hábitos mensais, trimestrais e anuais. Essas pequenas rotinas se acumulam e se transformam em uma proteção poderosa.

Hábitos Mensais de Privacidade

Revise as configurações dos dispositivos: Analise as permissões dos aplicativos no celular e computador. Revogue acesso à câmera, microfone, localização e contatos de qualquer aplicativo que não precise realmente dessas funções.

Limpe seus dados de navegação: Exclua cookies, cache e histórico de navegação em todos os dispositivos. Use extensões de navegador para bloquear rastreadores e remover códigos de rastreamento das URLs.

Verifique atualizações de software: Atualize sistemas operacionais, aplicativos, antivírus e firmware de dispositivos inteligentes da casa. Muitas atualizações incluem correções para vulnerabilidades recentes.

Escaneie vazamentos e violações de dados: Utilize ferramentas como Have I Been Pwned ou seu gerenciador de senhas para verificar se seus e-mails ou credenciais foram comprometidos.

Ative mensagens temporárias: Em aplicativos como Signal ou WhatsApp, revise conversas e ative mensagens temporárias em chats não essenciais.

Monitore atividade das contas: Entre regularmente em contas financeiras, Google, Apple e redes sociais para revisar histórico de login e dispositivos conectados. Remova imediatamente acessos desconhecidos.

Hábitos Trimestrais de Privacidade

Faça auditoria das suas contas online: Liste todas as contas ativas e exclua ou desative aquelas que não utiliza mais. Menos exposição significa menos risco.

Atualize senhas de contas críticas: Troque senhas de e-mail, banco e armazenamento em nuvem. Utilize um gerenciador de senhas para gerar e armazenar tudo com segurança.

Revise configurações de privacidade nas redes sociais: Plataformas sociais atualizam políticas e configurações constantemente. Reavalie visibilidade da conta, preferências de anúncios e permissões de marcação.

Pesquise seu nome no Google: Procure seu nome, nomes de usuário e endereços de e-mail. Observe o que está visível publicamente e tome providências para remover conteúdos antigos ou sensíveis.

Teste sua impressão digital do navegador: Visite Am I Unique? ou Cover Your Tracks para verificar quão rastreável seu dispositivo é. Ajuste configurações do navegador ou utilize ferramentas de privacidade conforme necessário.

Revise VPN e ferramentas de privacidade: Certifique-se de que sua VPN esteja ativa e corretamente configurada. Renove ou substitua ferramentas e assinaturas expiradas.

Hábitos Anuais de Privacidade

Baixe seus dados: Plataformas como Google, Facebook e Apple permitem baixar uma cópia dos dados armazenados sobre você. Revise tudo — geralmente é algo revelador.

Congele seu crédito: Um congelamento de crédito continua sendo uma das maneiras mais eficazes de impedir roubo de identidade. É gratuito e pode ser suspenso temporariamente quando necessário solicitar novo crédito.

Solicite remoção em corretores de dados: Visite sites como Whitepages, Spokeo e PeopleFinder para remover suas informações. Serviços como DeleteMe ou PrivacyDuck podem automatizar esse processo.

Crie um plano digital de emergência: Liste contas importantes, métodos de recuperação 2FA e senhas (armazenadas com segurança no gerenciador de senhas). Inclua instruções para uma pessoa de confiança caso algo aconteça com você.

Revise dispositivos inteligentes e IoT: Dispositivos como smart speakers, TVs inteligentes, câmeras de segurança e termostatos coletam enormes quantidades de dados. Desative recursos desnecessários como microfones sempre ativos ou gravação contínua em áreas privadas.

Reflita sobre seus limites digitais: Pergunte-se o que mudou no último ano — novos trabalhos, relacionamentos, plataformas ou hábitos. Atualize sua estratégia de privacidade conforme necessário.

Hábitos Mentais de Longo Prazo

Pense antes de compartilhar: Antes de publicar, comentar ou clicar em "permitir", pergunte: "Preciso realmente compartilhar isso? Quem se beneficia desses dados?"

Negue por padrão: Quando aplicativos solicitarem permissões, trate cada pedido com desconfiança. Conceda acesso apenas quando absolutamente necessário.

Desconfie do "gratuito": Se um serviço é gratuito, provavelmente ganha dinheiro vendendo seus dados. Sempre que possível, escolha alternativas pagas ou open source.

Evite conveniência acima da cautela: Senhas salvas no navegador, preenchimento automático de cartões e Wi-Fi aberto são conveniências com alto custo de privacidade.

Mantenha-se curioso: Ferramentas de privacidade, golpes e ameaças evoluem rapidamente. Continue aprendendo através de newsletters, podcasts ou canais do YouTube focados em segurança digital.

Lembre-se: privacidade não é algo binário — é um espectro. Você não precisa desaparecer completamente da internet para recuperar controle. Mesmo implementando alguns hábitos-chave, você já se tornará mais difícil de rastrear, menos explorável e muito mais consciente sobre sua vida digital.

Acima de tudo, privacidade é uma forma de respeito — por você mesmo, pela sua família, pelos seus limites e pelo seu futuro. Transforme isso em parte da sua identidade. Compartilhe esse conhecimento. E continue ajudando a construir um mundo digital onde segurança não seja luxo — mas padrão.

No capítulo final em formato de história, veremos como é viver um estilo de vida orientado pela privacidade e como uma família transformou completamente sua rotina ao fazer essa mudança juntos.

A história das senhas de Marcus e Angela

Durante anos, Marcus e Angela viveram como a maioria das famílias modernas — conectados, confortáveis e completamente inconscientes do quão expostos realmente estavam. Entre smart TVs, tablets escolares, bancos online e dezenas de assinaturas de streaming, a vida digital deles estava repleta de logins, assistentes de voz e senhas salvas automaticamente. Eles não eram descuidados. Apenas estavam ocupados.

Mas tudo mudou depois que uma amiga da família teve a identidade roubada. Foi um alerta brutal. Essa amiga, mãe solteira, passou seis meses tentando recuperar contas comprometidas por empréstimos fraudulentos e perfis falsos em redes sociais. O impacto emocional atingiu Angela profundamente. "Isso poderia acontecer conosco", disse ela a Marcus certa noite, sentados à mesa da cozinha depois de colocar os filhos para dormir. "Compartilhamos tanto sem nem pensar."

Então decidiram mudar — não apenas fazer uma limpeza temporária, mas transformar permanentemente a forma como a família lidava com privacidade.

Começaram pequenos. Marcus comprou um gerenciador de senhas. Passou um fim de semana inteiro substituindo todas as senhas reutilizadas por sequências longas e aleatórias.

Angela criou uma pasta familiar de privacidade onde armazenavam backups criptografados de documentos importantes e códigos de recuperação. Juntos, configuraram lembretes no calendário: uma vez por mês revisar permissões; uma vez por trimestre verificar relatórios de crédito; uma vez por ano revisar configurações de redes sociais.

Chamaram aquilo de "Plano de Limpeza Digital".

Os dois filhos, de 9 e 13 anos, ficaram céticos no início. Nada mais de baixar aplicativos aleatórios? Nada de postar TikToks na escola? Mas Marcus transformou tudo em um jogo. "Pontos de Privacidade", explicou. "Cada atitude inteligente rende pontos. O vencedor escolhe o filme da sexta-feira." As crianças adoraram. Logo estavam competindo para ver quem identificava mais cookies rastreadores ou limpava mais permissões de aplicativos.

Angela foi ainda além. Removeu os dados da família de todos os corretores de informações que conseguiu encontrar. Levou tempo — mas ela sentia satisfação ao reduzir a pegada digital da família. Parou de usar seu nome verdadeiro em endereços de e-mail e cancelou assinatura de dezenas de newsletters que rastreavam seus cliques. Chegou até a excluir sua conta do Facebook ao perceber que já não gostava realmente da plataforma havia anos.

Eles começaram a tratar privacidade online como qualquer outro valor familiar — algo que precisava ser ensinado, discutido e praticado regularmente. Durante o jantar, compartilhavam "vitórias digitais". Antes de dormir, liam histórias — mas também verificavam quais aplicativos as crianças haviam usado naquele dia. Quando o filho perguntou por que não podiam simplesmente "confiar nos aplicativos", Marcus respondeu: "Porque confiança deve ser conquistada — e muitas empresas não merecem isso."

Os hábitos de internet da família mudaram drasticamente. Trocaram o Chrome pelo Brave. O Gmail pelo Proton Mail. A Amazon Alexa por interruptores manuais. Passaram a usar Signal em vez de mensagens convencionais, e a smart TV ficava desligada da tomada quando não estava em uso. Eles até deixaram de usar datas de nascimento e CEPs reais ao preencher formulários online, substituindo por dados anonimizados sempre que possível.

Em um fim de semana, as crianças ajudaram a construir um "forte da privacidade" — um desafio familiar para descobrir o quão invisíveis conseguiam se tornar online. Mapearam todos os dispositivos, revisaram cada permissão e apagaram contas antigas não utilizadas. O filho mais novo, que antes reclamava dos limites de tempo de tela, agora se orgulhava de ter menos rastreadores no tablet do que os amigos. Tornou-se motivo de orgulho.

Depois de seis meses, algo mudou. A vida desacelerou. Menos notificações. Menos ruído. Chega de chamadas de golpes ou anúncios assustadoramente precisos. Eles se sentiam mais calmos e focados. Angela comentou: "Eu não percebia quanto espaço mental estava sendo consumido por todo aquele barulho." Marcus concordou. Privacidade deixou de parecer medo — passou a parecer liberdade.

Certa noite, ajudando a filha em um projeto escolar sobre "valores em casa", ela escreveu: "Minha família valoriza honestidade, bondade e privacidade." Os olhos de Angela se encheram de lágrimas. Eles haviam feito mais do que instalar ferramentas — criaram uma cultura.

Na semana seguinte, Marcus foi convidado para palestrar no "Dia do Bem-Estar Digital" da empresa onde trabalhava. Compartilhou a história da família — não como especialistas, mas como uma família comum que decidiu assumir controle. O slide final dizia:

"Privacidade não é algo que você compra. É algo que você constrói. Um hábito de cada vez."

Hoje, a rotina deles continua. Revisões mensais. Reinicializações trimestrais. Auditorias anuais. Tornou-se apenas parte da vida – como escovar os dentes ou trancar a porta da frente. Eles ainda assistem filmes, usam aplicativos e navegam na internet. Mas fazem tudo isso com intenção, consciência e autonomia.

E dormem muito melhor por causa disso.

O Poder da Escolha em um Mundo Vigiado

Vivemos em uma era de acesso sem precedentes. Podemos enviar mensagens para amigos do outro lado do mundo em segundos, aprender qualquer coisa com uma única pesquisa, assistir filmes sob demanda e automatizar nossas casas com apenas uma palavra. Mas, a cada novo recurso, surge uma nova troca. A conveniência se infiltrou em todos os cantos da vida — muitas vezes às custas da nossa privacidade pessoal.

A verdade é que a maioria das pessoas nunca escolheu conscientemente entregar seus dados. Isso simplesmente aconteceu. Um rápido "Concordo" nos termos. Uma senha salva aqui, um calendário sincronizado ali. E, antes que percebessem, empresas sabiam mais sobre elas do que elas mesmas.

Mas e se pudéssemos mudar isso?

Este livro nunca teve a intenção de assustá-lo para que se desconectasse do mundo digital ou fazê-lo sentir vergonha dos hábitos do passado. Ele foi criado para capacitá-lo. Porque privacidade não é sobre paranoia — é sobre poder. É sobre recuperar sua capacidade de navegar pelo mundo digital nos seus próprios termos. É sobre entender a diferença entre ser o produto e ser o cliente. Entre consumo passivo e escolha consciente.

O que você aprendeu ao longo destes dez capítulos não é apenas uma lista de tarefas — é uma mentalidade. Agora você sabe como criar senhas fortes e por que elas importam. Entende que navegação privada não é realmente privada, e que mensagens criptografadas não são mais apenas para denunciantes ou programadores — são para todos. Você viu como o roubo de identidade pode destruir uma vida, como crianças são silenciosamente rastreadas por aplicativos aparentemente inofensivos e como as redes sociais, sem controle, podem transformar sua vida em um livro aberto escrito para o lucro de outras pessoas.

Mas, mais importante ainda, você viu como pessoas comuns — pais, freelancers, estudantes e famílias — podem mudar essa realidade. Você viu que assumir o controle da sua privacidade é possível, realista e profundamente recompensador. Viu que isso não exige desaparecer do mundo digital. Exige apenas pensar antes de clicar. Revisar antes de aceitar. Perguntar antes de permitir.

E talvez essa seja a maior mudança de todas: perceber que privacidade não é mais algo garantido. É algo que você precisa escolher — repetidamente.

Isso não significa viver com medo. Significa abraçar a consciência. Assim como você não deixaria sua casa destrancada ou entregaria sua carteira a um estranho, também não deveria deixar seus dados totalmente expostos para entidades que não conquistaram sua confiança. Você tem direito a limites — inclusive no mundo digital. Especialmente nele.

Daqui para frente, sua prática de privacidade não será perfeita. E tudo bem. Haverá deslizes. Você esquecerá de atualizar uma senha, ignorará uma configuração ou baixará um aplicativo que sabe mais sobre você do que deveria. Mas agora existe uma diferença: você perceberá. Saberá como reagir. E continuará melhorando.

Porque privacidade não é um destino. É uma jornada. Um estilo de vida. Uma forma de autorrespeito digital.

Então, e agora?

Talvez você revise suas senhas. Talvez ensine seu filho a identificar um golpe. Talvez finalmente baixe o Signal, troque seu mecanismo de busca ou exclua uma conta que já não faz mais sentido para sua vida. Comece em qualquer lugar. Comece pequeno. Mas comece.

E, quando fizer isso, você fará parte de um movimento global crescente — um movimento em que cidadãos, e não corporações, decidem os termos. Um mundo onde a tecnologia serve às pessoas, e não o contrário. Um mundo onde você não é apenas um usuário — mas um protetor do seu próprio espaço digital.

Você não precisa de permissão para proteger sua privacidade. Precisa apenas de vontade.

Escolha isso. Pratique isso. Compartilhe isso.

E nunca se esqueça: em um mundo que lucra com sua exposição, sua privacidade é um ato de resistência — e uma declaração de liberdade.

www.ingramcontent.com/pod-product-compliance
Lightning Source LLC
LaVergne TN
LVHW040521210926
848480LV00007BA/1536

* 9 7 9 8 2 5 6 0 0 2 8 5 5 *